Für Amelia, Clara und Cecilia

www.glaubenssachen.de

Christoph Störmer,
Theologe, Diplom-Pädagoge, Autor.
Geboren 1950 in Hessen,
Zivildienst in London,
Studium in Kiel und Hamburg,
Arbeitsaufenthalt in Brooklyn, New York.
Pastor der Martin Luther King-Gemeinde Hamburg bis 1987,
in Kiels Stadtrandgemeinde Altenholz bis 2002,
Hauptpastor in Hamburgs Hauptkirche St. Petri bis 2015.
Seit 1997 Autor beim NDR, insbesondere bei NDR KULTUR.
Buchveröffentlichungen u.a.
„Das Christentum in 100 Fragen und Antworten" sowie „Wie
ein rollender Stein – Vom Glauben, der in Bewegung bringt".
Lebt in Hamburg.

Christoph Störmer

Aus dem Berg der Verzweiflung

einen Stein der Hoffnung schlagen

Von Heimsuchungen und Zeitenwenden

Lutherische Verlagsgesellschaft

2. durchgesehene Auflage 2024

ISBN: 978-3-87503-302-1

FSC-zertifiziertes Papier aus verantwortungsvollen Quellen

Cover: Ev. Presseverband Norddeutschland GmbH

© Lutherische Verlagsgesellschaft mbH, Kiel 2023

AUFTAKT

Was auf uns zukommt

Fast vor meiner Haustür, am Elbufer bei Övelgönne in Hamburg, türmt sich seit über 20 Jahren Deutschlands ältester Großfindling. Er kam beim Ausbaggern der Elbe zutage. Weil ihn die Eiszeit vor über 300.000 Jahren aus der Gegend um Småland hierher brachte, wurde der gewaltige Granitstein „Alter Schwede" getauft und gilt seither als ältester Einwanderer der Hansestadt.

An einem Morgen um die Jahreswende 2019/20 überraschte er mich bei meiner Joggingrunde in neuem Gewand. Unbekannte hatten ihn über Nacht in Gold getaucht. Während in der Stadt noch debattiert wurde, ob das Sachbeschädigung oder Kunst sei, tat der Regen das Seine. Es war schnell vorbei mit der Pracht.

Doch in meinem Gedächtnis ist dieses Momentum gespeichert und lebendig. Von jetzt auf gleich kann alles in neuem Licht erscheinen – wie eine Epiphanie, die sich nicht festhalten lässt und doch etwas auslöst.

„We are stardurst, we are golden", fiel mir ein, der alte Woodstock-Song von Crosby, Stills, Nash & Young. Joni Mitchell hat das Lied 1969 auf der Höhe des Vietnam-Krieges geschrieben: „And I dreamed I saw the bomber jet planes riding shotgun in the sky turning into butterflies above our nation."

Und mir kam Martin Luther King in den Sinn – nach ihm war die Kirchengemeinde benannt, in der ich von 1980-1987 als Pastor arbeitete. In seiner berühmten Rede „I have a dream" beim Marsch auf Washington 1963 bekannte er sich zu einem Glauben, der uns befähige, „aus dem Berg der Verzweiflung einen Stein der Hoffnung zu hauen. Mit diesem Glauben werden wir fähig sein, die schrillen Missklänge in unserer Nation in eine wunderbare Symphonie der Brüderlichkeit zu verwandeln."

Angesichts zunehmend autoritärer Regime in der Welt und furchtbarer Kriege in Europa und Nahost – mitten im selbstverschuldeten dramatischen Klimawandel und eingedenk der Pandemie – erscheinen solche Träume irreal und abwegig. Zunehmend wirken Bürger und Politiker genervt, erschöpft, überfordert. Es ist zu viel des Schlechten auf einmal.

Doch in dem, was manche als **„Heimsuchung"** erleben, können sich auch neue Wege auftun, wie das Wort schon mitteilt in seiner Mehrdeutigkeit: Wer oder was sucht uns da? Was lässt sich bei dieser Suche finden?

Im 1. Kapitel lade ich dazu ein, sich angesichts mancher Katastrophe im Großen oder Kleinen nicht gängiger Begrifflichkeiten zwischen Schicksalsschlag und Politikversagen zu bedienen, sondern versuchsweise dieses alte Label „Heimsuchung" zu wählen, das aus der Zeit gefallen zu sein scheint. Ich verwende es im Kontext der Corona-Pandemie, die uns das Fürchten gelehrt hat, denn anfangs waren wir dem Virus hilflos ausgeliefert. In der Politik tauchte es auf, als die Sturzfluten im Sommer 2021 ganze Dörfer mitrissen und viele Menschen starben.

Dann ist da noch das andere Wort, vom Bundeskanzler im Bundestag ausgerufen: **„Zeitenwende"**. Der Begriff ist das „Wort des Jahres" 2022. Dabei sind wir am 24. Februar 2022, dem Tag des Kriegsbeginns, nicht in einer anderen Zeit oder Welt aufgewacht, wie die Außenministerin sagte, sondern aus unseren Illusionen. Ich halte es mit der liberalen dänischen EU-Kommissarin Margarethe Vestager, die jüngst in einem Interview der SZ auf die Frage, ob wir naiv waren, antwortete: „Nein, gierig." Um dann auszuführen, dass insbesondere für Deutschland billige Energie (Russland) und Arbeitskräfte (China) absolute Priorität hatten und Fragen nach Menschenrechten etc. zurückdrängten.

Dennoch: Es lohnt, dem Wort Zeitenwende nachzugehen. Wir leben 2023 Jahre nach der Zeitenwende. Wenden gab und gibt es viele, in Kultur, Musik und im eigenen Leben.

Heimsuchungen und Zeitenwenden ziehen sich wie ein verborgener Faden durch dieses Buch. In verschiedenen Gestalten holen sie uns ein, überholen uns, auch in der Mehrdeutigkeit dieses Wortes. Wir bedürfen der „Überholung", der Erneuerung. Russlands Überfall auf die Ukraine lässt uns in einen Abgrund schauen. Die damit verbundene „Zeitenwende" darf nicht den Blick verstellen auf unsere historische Verstrickung und Schuld.

Kapitel 2 ist eine Momentaufnahme vom Juli 2022. In sechs Rundfunkandachten beleuchte ich verschiedene Facetten, auch den eigenen Pazifismus überdenkend.

Angesichts der bedrohlichen Kulisse und Gemengelage, die sich auftürmt, reibt man sich im Sommer verwundert die Augen: Überfüllte Flughäfen, ausgebuchte Kreuzfahrten. Die Tourismusbranche spielt mit unseren Ängsten und verspricht Fluchten in sorgenfreie Zonen. Sie nimmt unsere Sehnsüchte nach Meer und Weite auf. Doch die Traumschiffe, die die Meere cruisen, sind keine Arche Noah. Näher betrachtet, sind sie schwimmende Albträume und befördern das, was als neue Sintflut droht. Als Bordseelsorger war ich Teil des Problems. Im 3. Kapitel reflektiere ich das Dilemma.

In den Kapiteln 4, 5 und 6 geht es explizit um Theologie und drei kirchliche Feiertage. Sie haben das Potenzial, unsere psychische und mentale Widerstandskraft zu stärken. Weihnachten und Ostern offenbaren im Licht bzw. im Dunkel unserer Welterfahrung neue Horizonte. Hier werden Zeitenwenden eingeleitet, die hoffen lassen. Ungehobene Schätze verbergen sich auch hinter dem, was die Tradition „Sommerweihnacht" nannte.

Musik kann viel mehr sein als Zeitvertreib und Unterhaltung. Sie vermag die Seele zu stärken und all das, was heute unter Resilienz verhandelt wird. In den Kapiteln 7 bis 9 stelle ich drei Protagonisten vor, die alle Sinne ansprechen und in ihrem sprachlich-lyrischen Gehalt eine Tiefendimension offenbaren, die man leicht überhört. Ich beginne mit der eher optimistischen, musikalischen Zeitenwende, die die Beatles einleiteten. Diese britische Popband brach viele Verkrustungen auf und schuf ein neues, vitales Körperbewusstsein. Dann wende ich mich Bob Dylan und Leonard Cohen zu. Beide haben jüdische Wurzeln und ringen mit ihrem Erbe. Die Texte dieser Poeten und Songwriter eröffnen einen zugleich tröstenden wie abgründig-verstörenden Resonanzraum.

Das Gelächter sei der Hoffnung letzte Waffe, schrieb einmal der amerikanische Theologe Harvey Cox, für den die Christusgestalt narrenhafte Seiten zeigt. Zu den melancholischen und nachdenklichen Narren unserer Zeit gehören für mich die Satiriker Robert Gernhardt und Peter Rühmkorf. In ihren autobiografisch gefärbten Gedichten kommen sie immer wieder zu verblüffenden Wenden und Wahrnehmungen. Anlässlich ihrer Gedenktage gilt ihnen das 10. Kapitel.

„Wir kommen weit her, liebes Kind, und müssen weit gehen. Keine Angst, alle sind bei Dir, die vor Dir waren." So begann Heinrich Böll kurz vor seinem Tod einen Brief an seinen Enkel. Es tut gut, sich unserer mutigen und non-konformistischen „Alten" zu erinnern. Der Jahrgang 1921 war in dieser Hinsicht für mich ein besonderer. Ein Siebengestirn sehr unterschiedlicher Charaktere berührt mich. In den Zeitenbrüchen des 20. Jh. haben sie Heimsuchungen durchlitten und gemeistert. Wenn ich in mein Bücherregal schaue: Sie gehören zu mir, sind mir nah wie Gesprächspartner. Ihnen gilt Kapitel 11.

Zeitansagen können zu großem Engagement animieren und zugleich in einem Albtraum enden, dafür steht Martin Luther King. Doch sein Traum von gewaltfreien Transformationen wirkt fort. Und kann entgegen düsterer Prognosen friedliche Zeitenwenden einleiten. Nelson Mandela ist Bürge dafür, dass Apartheid und Unrechtsregime sich überwinden lassen: „We shall overcome." Kapitel 12 und 13.

Am Ende des Weges durch dieses Buch stehen in den beiden letzten Kapiteln – nach 37 Jahren pastoraler Tätigkeit in verschiedenen Gemeinden in Hamburg und Schleswig-Holstein – Glaubensüberzeugungen auf dem Prüfstand. „Bleibt – Alles – Anders" nannte Herbert Grönemeyer eines seiner Alben. Das könnte ein Motto für einen Neustart in Glaubensdingen sein. Und eine Einladung; denn es ist ja so: Viele Zeitgenossen, namentlich Martin Walser, glauben nicht an Gott, vermissen ihn aber. Ich versuche, an Beispielen zu zeigen, wie wir ehrlicher und persönlicher werden können.

Schlussendlich: Wer die 70 überschritten hat, sollte sich langsam vom Acker machen, das Zeitliche segnen und vielleicht neues Land gewinnen. Kann das gelingen? Kapitel 14 und 15.

Mein Traum: Das von Martin Luther King geliehene Leitmotiv auf dem Buchcover möge auch dunklen Stunden, und wenn wir durch finstere Täler müssen, einen lichten Hoffnungsschimmer geben.

Christoph Störmer

* * *

Bis auf eine Ausnahme – eine Predigt zu Martin Luther Kings 90. Geburtstag – waren alle Essays und Miniaturen dieses Buches auf NDR KULTUR zu hören; viele wurden gekürzt oder modifiziert in der ZEIT-Beilage CHRIST & WELT abgedruckt. Die Texte entstanden 2016-2022.

1. HEIMSUCHUNGEN
Teufels Werk oder Gottes Wirken?

(NDR KULTUR am 21.11.2021, später gekürzt in C&W)

Heimsuchung – das Wort kam lange Zeit in unserer Sprache kaum noch vor. Es schien ein Kandidat zu sein für das Lexikon der verschwindenden oder bedrohten Wörter. Doch derzeit erlebt es eine Renaissance. Im Zusammenhang mit der Covid-Pandemie tauchte es wieder auf. Auch beim Anschlag im norwegischen Kongsberg, bei dem ein Mann mit Pfeil und Bogen wahllos Menschen tötete, titelte eine renommierte Tageszeitung aus München: *Heimsuchung.* Drittes Beispiel: Anlässlich der Flutkatastrophe in Rheinland-Pfalz und in Nordrhein-Westfalen fand der Begriff sogar Eingang in eine Regierungserklärung im Düsseldorfer Landtag. Der Ministerpräsident sprach angesichts der über 100 Todesopfer und der Zerstörung ganzer Ortschaften von einer „Heimsuchung".

Gemeinhin versteht man unter *Heimsuchung* einen Schicksalsschlag, dem man ausgeliefert ist, etwas, wogegen man sich nicht wappnen kann. Sie trifft Menschen wie aus dem Nichts, wie ein Strafgericht. Das mag unser aufgeklärtes Bewusstsein nicht akzeptieren. Deshalb wird bei Katastrophen nach Ursachen, Verantwortlichen, Schuldigen gesucht.

Wenn Politikerinnen und Politiker von „Heimsuchung" sprechen, kann das ein Ausweich- und Entlastungsmanöver sein. Gegen die Macht des Schicksals kann man schließlich nichts tun, wen sollte man da haftbar machen? Damit ist die Katastrophe kein GAU, also der „größtmöglich anzunehmenden Unfall", den Experten bei einer Risikoabwägung berechnen können. Aber was dann? Sollte etwa GOTT seine Hand im Spiel haben?

Das ist ein weiterer Grund, weshalb der Begriff *Heimsuchung* verblasst ist – seine religiöse Konnotation ist uns fremd, ja verdächtig geworden. Von einem strafenden Gott haben wir uns verabschiedet, selbst diejenigen, die noch an Gott glauben. Es gibt Ausnahmen. Im amerikanischen Bible Belt und in evangelikalen Kreisen wird noch so gepredigt: Ob beim Hurrikan Katrina 2005 in New Orleans oder schon früher bei Aids – stets ist das jeweilige Unglück Gottes Strafgericht für sündhaftes Leben.

Wir haben zum Glück weitgehend solch simple kausale Erklärungen hinter uns gelassen. Mehr noch: Angesichts der Covid-Pandemie haben sich die verfassten Kirchen hierzulande dagegen verwahrt, die Virus-Infektion, der wir zunächst hilflos ausgeliefert waren, zu instrumentalisieren und sie als Gottes Antwort auf menschliches Fehlverhalten zu deuten. Der damalige EKD-Ratsvorsitzende Heinrich Bedford-Strohm warnte in einem Gastbeitrag für die FAZ vor Spekulationen über die Gottgewirktheit des Virus. Wer dies tue, trage zur menschlichen Verdunkelung des Wirkens Gottes bei. Auftrag der Kirche sei nicht, über dunkle Seiten Gottes zu spekulieren, sondern auf die Offenbarung von Gottes Liebe zu weisen.

Doch kann man das tun – die dunkle Seite Gottes einfach ausblenden? Sprach Luther nicht sowohl vom offenbaren wie vom verborgenen Gott, dem „Deus absconditus"? Haben sich durch Aufklärung und kritische Bibelexegese die entsprechenden biblischen Geschichten erledigt? Was ist mit dem Kreuz und dem Schrei der Gottverlassenheit? Ich glaube, dass die alleinige Rede vom liebenden Gott an der Wucht und Tragik menschlicher Erfahrungen abprallt und ins Leere läuft. Gottes Liebe zu predigen und zu seinen abgründig verborgenen Seiten zu schweigen befördert eine Trivialisierung des Christentums, frei nach dem Motto: „Piep, Piep, Piep, Gott hat euch alle lieb."

So gab es auch vereinzelt Kritik an der Sprachlosigkeit der Kirchenoberen. Hartmut Löwe etwa, der ehemalige evangelische Militärbischof, beklagte:

„Man kann doch nicht ganze Bereiche des Lebens dem Walten Gottes entziehen und ausschließlich natürlich erklären wollen. In, mit und unter allem, was geschieht, will Gott gefunden werden, auch wenn wir nur mühsam oder gar nicht verstehen, was er uns sagen will." Daher schlägt Löwe das Wort *Heimsuchung* vor, es treffe die Sache besser: „Kulturprotestantische Belanglosigkeiten ... versagen in der Krise, die über uns gekommen ist. Hier muss theologisch und geistlich tiefer gegraben werden."

Ich stimme dem zu und möchte versuchen, tiefer zu graben. Denn Saft und Kraft gewinnt ein Gottesglaube, der sich abkämpft und ringt mit dem Schweigen und Dunkel eines scheinbar abwesenden Gottes, der dem menschlichen Schicksal gleichgültig gegenübersteht. Jene Witwe hat recht, die Gott anklagt, indem sie ihm auf einem beschrifteten Wegekreuz die Worte entgegen schleudert: „An dieser Stelle erschlug Gott der Herr meinen

Mann Andreas mit einem Blitz." Der Alttestamentler Fridolin Stier erzählt davon in einem seiner Tagebücher. Damit steht die Witwe in der Tradition Hiobs, der Gott zur Rede stellt und fragt: Warum geschieht mir das?

Das Buch Hiob lässt tief in Gottes Abgrund schauen, der mit Satan eine Wette abschließt. Gott lässt sich auf ein teuflisches Spiel ein, instrumentalisiert Hiob und liefert ihn Satans Willkür sowie furchtbaren Heimsuchungen aus. Die sind sprichwörtlich geworden – noch heute weiß jeder, was mit einer Hiobsbotschaft gemeint ist. Hiobs Größe besteht darin, dass er sich weigert, die über ihn hereinbrechenden Schicksalsschläge als Gottes Strafe für eigenes Fehlverhalten zu akzeptieren, was ihm die Freunde einzureden versuchen, weil sie glauben, Gott verteidigen zu müssen.

C. G. Jung, der große Schweizer Psychoanalytiker, summiert seine religions-psychologischen Überlegungen im Spätwerk „Antwort auf Hiob" von 1952:

„Das ist wohl das Größte in Hiob, dass er ... nicht an der Einheit Gottes irre wird, sondern klar sieht, dass Gott sich in Widerspruch mit sich selber befindet, und zwar dermaßen total, dass er, Hiob, gewiss ist, in Gott einen Helfer und Anwalt gegen Gott zu finden. So gewiss ihm das Böse, so gewiss ist ihm auch das Gute in Jahwe." Jung kommt zum provozierenden Resümee: „Hiob stand moralisch höher als Jahwe." Gott habe daher „das Menschsein noch nachzuholen".

Diese Argumentation führt direkt ins Neue Testament. Mit der Inkarnation, der Menschwerdung in Jesus, setzt Gott sich selber dem Leiden aus, das am Kreuz endet. „Im verzweiflungsvollen Aufschrei am Kreuz 'Mein Gott, mein Gott, warum hast du mich verlassen?' erreicht", so Jung, „sein menschliches Wesen Göttlichkeit, nämlich in dem Augenblick, wo der Gott den sterbenden Menschen erlebt und das erfährt, was er seinen treuen Knecht Hiob hat erdulden lassen. Hier wird die Antwort auf Hiob gegeben."

Wenige Zeilen später folgt Jungs Seitenhieb auf die moderne, insbesondere protestantische Theologie: „Wie will man da die Gestalt Christi entmythologisieren? Ein solch rationalistischer Versuch würde ja das gesamte Geheimnis dieser Persönlichkeit herauslaugen, und was übrig bliebe, wäre nicht mehr die Geburt und das Schicksal eines Gottes in der Zeit, sondern ein historisch schlecht beglaubigter religiöser Lehrer, ein jüdischer Reformer ..."

Der Psychoanalytiker Jung fügt dem Kreuz, dem wichtigsten Symbol des christlichen Glaubens, noch ein weiteres Moment hinzu. Neben Jesus hängen zwei weitere Leidensgestalten: „Ergänzt wird dieses Bild durch die beiden Schächer, von denen der eine in die Hölle fährt, der andere ins Paradies eingeht. Man könnte die Gegensätzlichkeit des christlichen Zentralsymbols wohl nicht besser darstellen ... Eben gerade im äußersten und bedrohlichsten Konflikt erfährt der Christ die Erlösung zur Göttlichkeit, sofern er daran nicht zerbricht, sondern die Last, ein Gezeichneter zu sein, auf sich nimmt."

Damit könnte die aktuelle kirchliche Herausforderung angesichts weltweiter Bedrohungen durch Pandemien und den Kollaps der Ökosysteme treffend beschrieben sein: im äußersten und bedrohlichsten Konflikt nicht zu zerbrechen, sondern die Last, Gezeichnete zu sein, auf uns zu nehmen. Von *Heimsuchung* zu sprechen könnte so wieder Sinn machen. *Heimsuchung* nicht als Gottesstrafe, sondern als Prüfung, als äußerste existenzielle Krise, die Fragen aufwirft zu unserem Woher und Wohin – und zu unserem Lebensstil.

* * *

Ich hole Atem mit einer Zwischenüberlegung. Jenny Erpenbeck hat 2008 unter dem Titel „Heimsuchung" einen Roman mit autobiografischen Zügen veröffentlicht. Die 1967 in Ostberlin geborene Schriftstellerin beschreibt das Schicksal verschiedener Besitzer und Bewohner eines Grundstücks und Hauses am Scharmützelsee über mehrere Generationen. Auch die schrecklichen Heimsuchungen einer jüdischen Familie, besonders eines 12jährigen Mädchens im Warschauer Ghetto, spielen eine Rolle. Was Heim, Daheim oder Heimat war, zerbricht und geht verloren – für viele der Protagonisten. Doch Sehnsucht, Suche und Heimweh nach dem Verlorenen bleiben. Erpenbeck blättert in „Heimsuchung" ein weites Assoziationsfeld zwischen Heimatverlust, Heimatlosigkeit, Heimatsuche und versuchter Heimkehr auf.

* * *

Das Wort *Heimsuchung* hat noch weitere Bedeutungen, die auf eine interessante Spur führen. Laut Kluges etymologischem Wörterbuch ist es in der deutschen Sprache seit dem 13. Jahrhundert nachweisbar. „Ursprünglich war es ein juristischer Terminus für das 'im Hause Aufsuchen', d.h. den Überfall im Hause, 'Hausfriedensbruch'. Später, in allgemeinerer und übertragener Bedeutung gebraucht, auch im positiven Sinn: 'Besuch'."

Die Übersetzung des Wortes ins Lateinische und Englische bestätigt: *Heim-suchung* ist eine „Visitatio" bzw. „Visitation". Doch wer besucht wen?

Diese Frage führt uns über die kirchliche Tradition ins Neue Testament. Das Fest „Mariä Heimsuchung" – lateinisch „Visitatio Mariae" – erinnert an Marias Besuch bei ihrer Cousine Elisabeth. Dieses Ereignisses wird – wenn auch nicht überall – sowohl in der römisch-katholischen und der altkatholischen als auch in Teilen der anglikanischen Gemeinschaft sowie der lutherischen Kirchen gedacht. Die dem Fest zugrundeliegende Episode findet sich nur beim Evangelisten Lukas (Kapitel 1,39-44):

„Maria machte sich auf in diesen Tagen und ging eilends ins Gebirge zu einer Stadt in Juda und kam ins Haus des Zacharias und begrüßte Elisabeth. Und es begab sich, als Elisabeth Marias Gruß hörte, hüpfte das Kind in ihrem Leib. Und Elisabeth wurde vom Heiligen Geist erfüllt, rief laut und sprach: 'Gesegnet bist du unter den Frauen, und gesegnet ist die Frucht deines Leibes! Und wie geschieht mir, dass die Mutter meines Herrn zu mir kommt? Denn siehe, als ich die Stimme deines Grußes hörte, hüpfte das Kind vor Freude in meinem Leib.'"

Diese Geschichte ist mehr als ein Besuch der einen Schwangeren im Heim der anderen. Das ist nur die äußere Dimension dieser „Heimbesuchung". Hinter beiden Frauen liegt eine ganz andere *Heimsuchung*, ein plötzlicher Einbruch in ihr Leben, der alles radikal verändern würde und den sie noch nicht verarbeitet haben. Sie wurden auf je eigene Weise überfallen von einer Nachricht, übermittelt über das Medium eines Boten, eines Engels.

Lukas erzählt im 1. Kapitel zunächst vom kinderlosen Ehepaar Elisabeth und Zacharias. Unvermittelt hat Letzterer beim Priesterdienst im Tempel „ein Gesicht", wie die Leute später sagen. Ein Engel, der sich Gabriel nennt, kündigt ihm die Schwangerschaft seiner Frau an. Das stößt auf Skepsis: „Ich bin alt und meine Frau ist betagt." Doch das Schicksal nimmt seinen Lauf: Zacharias verstummt für neun Monate, während seine Frau, als sie merkt, dass sie schwanger ist, sich fünf Monate vor den Menschen verbirgt.

Noch dramatischer ist die Lage für Maria, die zu dem Zeitpunkt etwa 14 gewesen sein dürfte. Sie war bereits einem Mann versprochen. Lukas lässt erneut Gabriel auftauchen, der Maria eine Schwangerschaft ankündigt. Auch sie kann es nicht fassen: „Wie soll das zugehen, wo ich doch von keinem Mann weiß?" Und erhält die rätselhafte Auskunft: „Der Heilige Geist wird über dich kommen, und die Kraft des Höchsten wird dich überschatten." Eine ungeklärte Schwangerschaft konnte damals zur Verstoßung führen – Matthäus berichtet, dass Josef genau das erwägt.

Die doppelte Geburtsankündigung und die Solidarität der beiden schwangeren Frauen, die sich durch den Besuch gegenseitig unterstützen, eröffnet einen neuen Blick auf unser Thema.

Grundsätzlich lässt sich sagen – das gilt für Hiobsbotschaften wie für die überraschenden Geburtsanzeigen bei Elisabeth und Maria gleichermaßen: Bei Heimsuchungen geht es um einen unerwarteten Einbruch in die menschliche Autonomie, mit dem Doppelaspekt, der allem Religiösen innewohnt: Wir sind erschrocken und schauen doch fasziniert hin. Weil wir es nicht fassen können. Heimsuchungen machen fassungslos.

Doch sie können auch helfen, neu und ganz anders Tritt zu fassen. Marias Erschrecken etwa und die Angst, vom eigenen Mann verlassen, von der Gesellschaft geächtet zu werden, wandeln sich bei ihr in eine nie gekannte Kraft und ein Selbstbewusstsein, das aus anderen Quellen schöpft als dem eigenen Ego. Noch während des Besuchs bei ihrer alten Cousine stimmt sie das sogenannte Magnifikat an:

„Meine Seele erhebt den Herrn!" Denn, so ihre Begründung, Gott hat sie angesehen und aus ihrer Niedrigkeit – man kann auch sagen: Erniedrigung – erhoben. Marias Seele wird gleichsam zu einer Hebebühne für Gott. Sie erhebt Gott – und Gott erhebt sie. Magnifikat: Sie macht Gott groß und gewinnt damit selber Größe und Ausstrahlungskraft. Gott besucht sie, sucht sie heim. Und sie findet heim zu oder Heimat in Gott.

Die göttliche Heimsuchung Mariens würde man heute vielleicht „Empowerment" nennen. Bei Lukas folgt der Heimsuchung ein Revolutionslied, bei dem sich alle geordneten Verhältnisse umkehren: „Gott stößt die Gewaltigen vom Thron und erhebt die Niedrigen."

* * *

Zurück zur Renaissance des Begriffs *Heimsuchung* in der derzeitigen globalen Krise. Pandemien, Naturkatastrophen und der beginnende Kollaps unserer Ökosysteme machen fassungslos. Sie zeigen unseren Kontrollverlust, dem Politik und technische Erneuerung allein nicht beikommen.

Diese Krisen greifen tiefer und fragen nach unserem Ort auf dem Heimatplaneten Erde sowie unserem Selbstverständnis als menschliche Spezies. Wir sind nicht die Krone der Schöpfung, das behauptet entgegen landläufiger Meinung die Bibel an keiner Stelle. Es ist der Sabbat, den das Buch Genesis als Krone der Schöpfung preist. Sabbat heißt loslassen. Es ist der arbeitsfreie Tag der Ruhe. Der Sonntag also als Tag der Muße – er könnte ein Drehpunkt werden, denn er öffnet einen Raum der Buße, d.h. zum grundlegenden Sinneswandel und zur Neuausrichtung unseres Lebens. Der Sabbat könnte uns innewerden lassen, dass wir ein Teil der Schöpfung sind und mit allem, was lebt, den gleichen Atem teilen als ein Glied in der Kette des Seins. Wo immer eines dieser Glieder reißt, ist das Ganze in Gefahr. Wo wir unsere Mitgeschöpfe missbrauchen und quälen, nehmen wir Schaden an Leib und Seele und gefährden unseren eigenen Fortbestand.

Vielleicht ist das Corona-Virus, das über Monate weltweiten Stillstand, einen Shutdown nie gekannten Ausmaßes auslöste, eine Art verordneter Sabbat. Vielleicht ist es ein Bote, ein Botenstoff aus der Kette des Seins – mit der Botschaft, uns nicht länger den Ast abzusägen, auf dem wir sitzen. Klimaforscher predigen schon lange – und die UN-Konferenz zur biologischen Vielfalt hat es unterstrichen: Das Zurückdrängen der Natur sowie die Ausrottung von Pflanzen- und Tierarten fördern das Überspringen gefährlicher Viren und bedrohen uns alle.

Was also tun? Mancher hat in diesen Zeiten schon Hölderlin zitiert: „Wo Gefahr ist, wächst das Rettende auch." Man sollte die vorausgehende Zeile nicht vergessen. Hölderlins berühmter Hymnus beginnt mit der Frage nach Gottes Geheimnis: „Nah ist und schwer zu fassen der Gott."

Heimsuchungen rühren an das Geheimnis des nahen und nicht zu fassenden Gottes. Das gilt auch für Jesu *Heimsuchung* am Kreuz. In seinem Todesschrei zerreißt etwas. Für den Bruchteil einer Sekunde lichtet sich ein Vorhang und eine tiefere Wahrheit leuchtet auf. Ausgerechnet ein Zeuge – mehr noch: ein Mittäter, ein römischer Soldat – erfährt, um noch einmal Carl Gustav Jung zu zitieren, „die Erlösung zur Göttlichkeit", und zwar mit seinem Ausruf: „Wahrhaftig, dieser war Gottes Sohn!"

Der Tod hat ein Doppelgesicht: Das Faktum des Todes wird überwölbt von einer tieferen Wahrheit. Weshalb der Totensonntag auch Ewigkeitssonntag heißt. Wenn etwas stirbt, wenn wir sterben, werden wir nicht nur *heimgesucht*, sondern vielleicht auch, wie eine alte Wendung sagt, *heimgeholt*.

Hier und heute allerdings gilt es, Heimsuchungen nicht passiv zu erleiden, sondern einen aktiven Part zu übernehmen, wie Hiob, wie Maria: Es ist ein Ringen mit einem dunklen Gegenüber. In beiden Extremen wächst den Protagonisten das Rettende zu, sie tragen etwas Neues in die Welt. Hiob gewinnt einen Beistand, der auch Maria zuteil wird als „Kraft des Höchsten", als Heiliger Geist.

Heimsuchungen können Türöffner sein. Wir werden besucht. Wir werden gesucht. Wir können uns finden lassen und so über uns hinauswachsen.

2. KRIEG MITTEN IN EUROPA
Blicke in einen Abgrund

(Morgenandachten auf NDR INFO und NDR KULTUR vom 4.-9.7.2022)

I. Dem Himmel in den Ohren liegen

Was ist das für eine alte Geschichte, und wie aktuell ist sie! Ein Volk ringt um Autonomie und eigene Identität. Es droht unterzugehen und sich zu verlieren unter dem Diktat einer Großmacht. Außerdem wird es ausgenutzt und ausgebeutet. Das schreit zum Himmel. Doch es reicht nicht, nur dem Himmel in den Ohren zu liegen. Einer muss sich trauen und den Herrscher, der sich für gottgleich hält, konfrontieren. Der Konflikt zwischen dem Sprecher des Volkes und dem Machthaber eskaliert. Denn dieser denkt nicht daran, Zugeständnisse zu machen, im Gegenteil: Er will Unterwerfung und zieht die Schrauben der Repression weiter an. Die Opfer der Machtproben sind enorm. Doch eines Tages ist es soweit, es kommt zu einer Vereinbarung: Der Diktator ist der Dauerkrise müde und entlässt das Volk aus seinem Herrschaftsbereich.

Doch die Freude der Befreiten währt nur kurz. Denn der Autokrat wird vertragsbrüchig. Der Preis, den er für die Freiheit des kleinen Volkes zahlen musste – der Verlust von Ressourcen und billigen Arbeitskräften –, erscheint ihm zu hoch. Also lässt er seine Kriegsmacht von der Kette, um das abtrünnige Volk vernichtend zu schlagen. Dann geschieht das Wunder: Den hoffnungslos Unterlegenen kommt höhere Gewalt zur Hilfe. Die Armada schwerer Kriegswagen sitzt plötzlich fest in Schlick und Sand und wird von zurückströmenden Wasserfluten überrollt. Ein Mythos ist geboren: „Hoch und erhaben ist Jahwe, Ross und Reiter warf er ins Meer." Dieses Siegeslied aus dem Exodus-Buch wird zum ältesten Credo des Volkes Israel. Die Forderung des Moses, gebündelt im Kampfruf „Let my people go", war schließlich erfolgreich.

Dieser Ruf bringt bis heute Kolonialherren und mächtige Alleinherrscher zum Zittern. Deshalb wird sie seit Jahrtausenden zelebriert, diese Geschichte von Befreiung. Auch Jesus hat den Sieg über die Tyrannei mit seinen Jüngern gefeiert. Das Passahfest ist noch heute der höchste Feiertag in Israel und in allen jüdischen Gemeinden rund um den Globus. Die Urerfahrung des Volkes Israel hat auch Eingang gefunden in die 10 Gebote.

Im wichtigsten, dem 1. Gebot, wird die Magna Carta der Freiheit formuliert:

„Ich bin der HERR, dein Gott, und habe dich herausgeführt aus Ägypten, dich befreit aus Knechtschaft und Sklaverei. Unterwirf dich nicht fremden Göttern und diene nicht denen, die sich selbst dazu machen." (vgl. 2. Mose 20,1f.)

II. Dieser Engel war ein russischer Soldat

Ich habe sie vor 4 Jahren in meiner ehemaligen Kirche in Hamburgs City getraut: Gatis und Betija aus Lettland. Wir hatten uns – und die beiden sich – auf einer nordeuropäischen Konferenz für Therapeuten und Seelsorgerinnen kennengelernt. Ich habe sie in Riga besucht. Wir sind im Kontakt. Auch wegen der Vorbereitung der nächsten Konferenz. Nun liegt der dunkle Schatten des Krieges über allem. Besonders die baltischen Länder fühlen sich bedroht. Gefragt nach dem Thema, das sie vorschlagen, lese ich in der Mail: „Evil", also „Übel" bzw. „das Böse", und zwar im Kontext der russischen Aggression, der Gräueltaten und Kriegsverbrechen in der Ukraine.

Die lettischen Freunde glauben, das sei besonders für uns Deutsche, die diesen Krieg mit Öl- und Gasimporten finanzierten, ein unbequemes Thema. Dann folgt eine bittere Abrechnung: Die Russen hätten sich nicht geändert. Was sie vor 77 Jahren den Deutschen angetan hätten, das würden sie noch heute tun. Sie vergewaltigten und töteten jeden, der sich widersetze. Und prahlten damit in den sozialen Netzwerken.

In meiner Antwort widerspreche ich: Meine Mutter hat es damals anders erlebt, zusammen mit ihrer Mutter und ihrer Zwillingsschwester. Sie war 17, als russische Truppen Bad Doberan besetzten. In den Erinnerungen meines Großvaters lese ich: „Ausgerechnet unsere Wohnung wurde von den Russen beschlagnahmt, eine Kantine oder ein Kasino daraus gemacht, und ihr wurdet in den oberen Stock geschoben ... Der russische Offizier, der die Sache unter sich hatte, war ein fabelhafter Mann, der auf Zucht und Ordnung hielt. So wart ihr genau durch das, was wie ein schreckliches Verhängnis schien, weit besser geschützt als in irgendeinem anderen Haus."

Gatis antwortet, dass meine Mutter einen Schutzengel hatte. Ja! Genau das schreibt mein Großvater, der seine Gebete um Bewahrung der Seinen erfüllt sah. Dieser Engel war ein russischer Soldat.

Wenn wir im Vaterunser beten: „Erlöse uns von dem Bösen", dann wissen wir: Das Böse ist nicht nur da draußen, bei den anderen, sondern es liegt in uns. Eine unbequeme Wahrheit. In jedem Menschen schlummert das Potenzial – zu beidem, zu Gut und Böse, zum Teufel und zum Engel.

III. David gegen Goliath

Viele kennen die Geschichte aus dem Kindergottesdienst, ich habe sie als Pastor als Mutmach-Modell erzählt: Fürchte dich nicht vor großen Leuten und Angebern. Trau dich! Und zeige dich! So ganz passte die biblische Überlieferung von David, der Goliath mit der Steinschleuder niederstreckt, nicht zu meinen eher pazifistischen Überzeugungen. Doch dass sich ein Einzelner dem prahlenden, in eine Rüstung gekleideten Riesen entgegenstellt, ist in jedem Fall eindrucksvoll.

Es gab und gibt im Lauf der menschlichen Entwicklung immer wieder Einzelne, die nicht weglaufen, sondern es wagen, einer Drohkulisse die Stirn zu bieten. Man kann mit kleinen, lächerlich anmutenden Mitteln ein übermächtiges Gegenüber zu Fall bringen. Mahatma Gandhi z.B. gelang das mit seinem berühmten Salzmarsch, er zwang die britische Kolonialmacht moralisch in die Knie.

Heute sehen viele im ukrainischen Präsidenten einen David. Russische Fallschirmjäger hatten zu Beginn des Überfalls auf das friedliche Nachbarland versucht, Selenskyj festzusetzen oder zu töten, um das Land der Führung zu berauben. Die Amerikaner boten an, den Präsidenten auszufliegen. Seine Reaktion: „Ich brauche kein Taxi. Ich brauche Waffen." Er erweist sich als der, den er im Fernsehen als Comedian gespielt hat: als Diener des Volkes.

Es scheint, als gäbe es in der Ukraine unzählige Davids, die sich den Invasoren entgegenstellen – mit Waffen, aber auch mit zivilem Ungehorsam und unglaublicher Courage. Vieles deutet darauf hin, dass der russische Goliath darüber zu Fall kommt.

Man muss nicht das biblische Paradigma bemühen. Timothy Snyder, der amerikanische Historiker und Experte für osteuropäische Geschichte sowie den Holocaust, sagt: Russland hole eine Entwicklung nach, die andere Staaten als koloniale Mächte bereits vollzogen hätten. Deshalb müsse es den

Krieg verlieren. Die Demokratie habe in Europa – Deutschland sei ein Beispiel – immer erst nach der Niederlage in imperialistischen Kriegen eine Chance (siehe SZ vom 21./22.5.2022).

Es dauerte lange, bis auch die christlichen Kirchen begannen, das zu begreifen, und sich auf Jesu Satz besannen (Markus 10):

„Ihr wisst, die als Herrscher gelten, halten ihre Völker nieder, und ihre Mächtigen tun ihnen Gewalt an. Aber so ist es unter euch nicht; wer groß sein will unter euch, der soll euer Diener sein."

IV. Selig sind, die Frieden stiften

Die Panzer rollten durch das kleine hessische Dorf meiner Kindheit. Wir wohnten im Zonenrandgebiet. Ich, Jahrgang 1950, war fasziniert von den dröhnenden Kolossen und den freundlichen Amis, die in der Nähe Quartier machten. Die Soldaten schenkten uns Kaugummis. Das waren die Guten, die uns schützten. Das Böse war auf der anderen Seite des Stacheldrahts. Zeitweise wollte ich Soldat werden.

Dann kam meine Jugend. Und der Vietnamkrieg. Was machten die Amis in einer ehemals französischen Kolonie? Ich ging nicht zum Bund. Ich bestand darauf, als Kriegsdienstverweigerer anerkannt zu werden, obwohl ich als Theologiestudent freigestellt worden wäre. Ich machte Zivildienst und protestierte gegen den Krieg in Vietnam. – Später eskalierte der kalte Krieg mit der Stationierung neuer Atomwaffen in Ost und West. Als junger Pastor unterschrieb ich einen Aufruf: „Geh nicht zum Bund!" Der Bischof rügte uns wegen der Parteinahme. Und fragte: „Hätte Pazifismus die Nazi-Diktatur besiegt und das Morden in den Vernichtungslagern beendet?" Nicht immer könne man Frieden schaffen ohne Waffen. Leider. – Was also tun, wenn jemand einen Krieg anzettelt und Nachbarländer überfällt?

Ein Blick auf Jesus: Der hielt die andere Wange hin. Bei einem Verhör wird er geohrfeigt. Jesus duckt sich nicht weg, sondern tritt vor und schaut dem Aggressor ins Gesicht: „Wenn ich die Unwahrheit sage, dann beweise es mir. Wenn ich die Wahrheit sage, warum schlägst du mich?" Der andere weicht überrascht zurück. Es zeigt Größe, wenn jemand einem Gewalttäter mit Courage und Chuzpe die Stirn bietet.

Doch war Jesus gegen Gewalt? Er hatte Zeloten unter seinen Jüngern, also Freiheitskämpfer gegen die römische Besatzungsmacht. Einige seiner Freunde – nicht nur Petrus – sind mit einem Schwert bewaffnet.

Was bleibt? Jenes mit Leuchtschrift an den Himmel gemalte Versprechen Jesu: „Selig sind, die Frieden stiften, sie werden Kinder Gottes heißen." In älteren Lutherbibeln steht leider, falsch übersetzt: „die Friedfertigen". Das ist zu schwach. Wer sagt, er sei doch ganz friedfertig und tue keinem etwas, der will sich nicht einmischen und in Ruhe gelassen werden.

Jesus spricht proaktiv von „Frieden machen", also von, im Wortsinn, Pazifisten. Die braucht es jetzt dringender als je. Nicht Propagandisten eines Friedhof-Friedens, sondern Aktivisten auf allen Seiten der Fronten, die an einem gerechten Frieden bauen und so Frieden stiften.

V. Das Grab in den Lüften

Ich war in der Ukraine. Das war 2008. Wir besuchten Czernowitz bei Lwiw, das frühere Lemberg. Lange gehörte die renommierte Universitätsstadt zu Österreich-Ungarn, nach dem 1. Weltkrieg zu Rumänien. Dann taten die Nazis ihr verheerendes Werk. Und mit der Eroberung durch die Rote Armee wurde Czernowitz wie die ganze Ukraine eine sowjetische Republik – bis 1991.

Was mich faszinierte: In Czernowitz gab es vor kaum mehr als 100 Jahren eine multikulturelle Stadtbevölkerung aus Juden, Katholiken, Protestanten und Orthodoxen, aus Deutschen, Rumänen, Ukrainern und Polen. Diese Vielfalt beflügelte die Künste. Zahlreiche berühmt gewordene Schriftstellerinnen und Dichter stammen aus Czernowitz, z.B. Paul Celan, Rose Ausländer und Selma Meerbaum-Eisinger.

Was mich schockierte: wie die Stadt und die gesamte Ukraine unter dem deutschen Vernichtungskrieg gelitten hat. Neben der Ermordung der jüdischen Bevölkerung starben Millionen durch die gnadenlose Kriegsführung.

In das gegenwärtige Entsetzen über Russlands barbarischen Krieg gegen das Nachbarland mischt sich bei mir das Grauen über die deutsche Barbarei vor 80 Jahren. Paul Celans herzzerreißendes Gedicht „Todesfuge" meldet sich in mir: „… Wir schaufeln ein Grab in den Lüften, da liegt man nicht eng …"

Am Ende heißt es: „Der Tod ist ein Meister aus Deutschland." Celans Eltern wurden 1942 deportiert, die Mutter als „arbeitsunfähig" erschossen, der Vater starb in Transnistrien. Celan selbst überlebte das Arbeitslager wohl nur, weil er als Übersetzer gebraucht wurde.

Celans Gedicht nimmt Formulierungen aus Salomos Klageliedern (4,7ff.) auf. Ich frage mich: Wie umgehen mit eigener Schuldverstricktheit, Scham und Ohnmacht? Manchmal helfen mir Psalmworte, um nicht in Trivialitäten zu flüchten oder an der eigenen Sprachlosigkeit zu ersticken:

„Gott, hilf mir! … Ich versinke in tiefem Schlamm, wo kein Grund ist …
Höre mich, HERR, denn deine Güte ist tröstlich.
Wende dich zu mir und verbirg dein Antlitz nicht." (aus Psalm 69)

VI. Dem Rad in die Speichen fallen

In der „Christ & Welt"-Beilage der ZEIT (12.5.2022) wurde ein Vorschlag gemacht, den manche als naiv belächeln mögen, den ich aber für beherzigenswert halte. Er könnte eine Tür öffnen jenseits der Optionen, auf den Angriffskrieg mit unbeugsamem Überlebenskampf oder Flucht und Unterwerfung zu reagieren. Denn jeder weiß: Am Ende wird Frieden nicht mit Waffen besiegelt, sondern mit Worten und dem Schweigen der Waffen.

Unter dem Titel „Jesus in Mariupol" schreibt ein 59jähriger Hamburger Unternehmer: „Welch unfassbare Kraft würde davon ausgehen, wenn sich Papst Franziskus in ein Reisemobil setzen würde, um über Slowenien, Ungarn und mit Zwischenstopps auf den Marktplätzen von Lwiw, Riwne und Schytomyr nach Mariupol zu reisen, der Stadt Marias. Wie viel Mut und Zuversicht würde er damit … geben … Mehr noch, ich kann mir gut vorstellen, dass viele … sich ihm auf dem Weg anschließen würden."

Ich träume weiter: Der Papst lädt auch den Ökumenischen Rat der Kirchen und insbesondere Vertreter der orthodoxen Kirchen ein. Das wäre ein unübersehbares Zeichen für die gesamte Weltöffentlichkeit.

Dietrich Bonhoeffer hatte sich angesichts des Nazi-Terrors bereits 1933 auf die Seite des Widerstands geschlagen mit den Worten, es reiche nicht, die Opfer unter dem Rad zu verbinden. Man müsse dem Rad selbst in die Speichen fallen. Zugleich formulierte er ein Jahr später in Dänemark einen eindringlichen Appell:

„Wer ruft zum Frieden, dass die Welt es hört, zu hören gezwungen ist? … Der einzelne Christ kann das nicht – er kann wohl, wo alle schweigen, die Stimme erheben und Zeugnis ablegen, aber die Mächte der Welt können wortlos über ihn hinwegschreiten. Die einzelne Kirche kann auch wohl zeugen und leiden … Aber auch sie wird erdrückt von der Gewalt des Hasses. Nur das eine große Ökumenische Konzil der heiligen Kirche Christi aus aller Welt kann es so sagen, dass die Welt zähneknirschend das Wort vom Frieden vernehmen muss und dass die Völker froh werden, weil diese Kirche Christi ihren Söhnen im Namen Christi die Waffen aus der Hand nimmt und ihnen den Krieg verbietet … Die Stunde eilt – die Welt erstarrt in Waffen, und furchtbar schaut das Misstrauen aus allen Augen …"

Vielleicht ist jetzt die Stunde, wo dieser Appell gehört würde. Wenn der Papst dazu einlädt: Ich wäre dabei. Allem Anschein zum Trotz – es macht Sinn, dass Jesu Ruf nicht verstummt: „Liebt eure Feinde!"

3. AUF DER KLIMAKATASTROPHE SURFEN
Weltflucht am Beispiel des Kreuzfahrtbooms

(Der Beitrag wurde erstmals am 7.7.2019 auf NDR KULTUR gesendet. Nach der Pandemie druckte ihn CHRIST & WELT aktualisiert und gekürzt am 15.9.2022. Hier handelt es sich um die jüngste Fassung.)

Wenn ich morgens die Zeitung aufschlage, werden mir ständig Kreuzfahrten schmackhaft gemacht. Für 7500 Euro inklusive Flüge soll ich 10 Tage lang die „abgeschiedene und geheimnisvolle arktische Wildnis" und „unberührte Natur" rund um Spitzbergen erkunden. Ein anderes Blatt wirbt für Kreuzfahrten in die Antarktis. Für schmalere Geldbeutel gibt es im Winter eine 31-tägige Reise um die Kanarischen Inseln für knapp 3000 Euro. All inclusive.

Mich packt eine Mischung aus Wut und Resignation. Annähernd 3 Millionen Deutsche gingen 2019 auf Kreuzfahrt. In diesem Jahr werden es mehr. Allein in Hamburg machen 270 Schiffe fest, viel mehr als vor 3 Jahren. Ungeachtet aller Bekenntnisse zur Nachhaltigkeit nutzen nur 4 % der angemeldeten Schiffe Landstrom. Im jüngsten Kreuzfahrt-Ranking stellt der Naturschutzbund Deutschland nur kleine Verbesserungen in der Ökobilanz fest. Selbst die vergleichsweise gut platzierten Hurtigruten bleiben desaströs, weil sie mit wenig Passagieren in besonders sensible Naturbereiche vorstoßen.

Jeder weiß oder kann wissen: Diese Schiffe sind gigantische Energiefresser und Dreckschleudern. In den Häfen deckt so ein schwimmendes Hotel seinen Energiehunger – der dem Stromverbrauch einer Stadt mit 20.000 Einwohnern gleicht – mit Schiffsdiesel, der um ein Vielfaches schmutziger ist als Autodiesel. Draußen auf den Meeren wird Schweröl verbrannt, ein Abfallprodukt der Petro-Industrie. In Hamburg kommen 40 % der Luftverschmutzung aus dem Hafen.

Bekannt ist ebenfalls: Kreuzfahrt-Touristen bewegen sich auf modernen Sklavenschiffen. Deutsche Unternehmen laufen, um Kosten zu drücken, unter ausländischer Flagge (ZEITmagazin 2/2019). Oben regiert der Luxus, unter Deck wird hart gearbeitet, in der Regel neun Monate nonstop zu Löhnen weit unter deutschem Mindestlohn. Ein international verbindliches Übereinkommen erlaubt 14 Stunden Arbeit täglich und bis zu 72 Stunden wöchentlich, das ganze Jahr über. Innerhalb von 24 Stunden soll es eine Pause von mindestens 6 Stunden am Stück geben. Selbst diese Vereinbarung wird unterboten.

Ist all das den Reisenden egal? Angesichts überquellender Flughäfen und wieder florierender Kreuzfahrten spricht man inzwischen von „Revenge travelling", einer Art Wiedergutmachung für das eigene Ego. Maßlosigkeit ist Trumpf. Nach dem Motto: Es reicht jetzt mit Verzicht! Egal ob die Welt dabei untergeht oder Krieg oder Energieknappheit herrschen. Das Reisen als letzte Gelegenheit. Nach uns die Sintflut.

In meiner Wutattacke muss ich jetzt einen Gang runterschalten. Während ein ehemaliger Bundeskanzler sagt, mea culpa sei seine Sache nicht, muss ich bekennen: Es ist auch meine Schuld. Ich bin zwar kein Kreuzfahrt-Junkie, besonders die riesigen schwimmenden Plattenbauten finde ich gruselig. Doch ich war angetriggert. Mehrmals bin ich der ozeanischen Verlockung erlegen. Mit Rechtfertigungen, die immer weniger trugen. Das kam so:

Wer in Hamburg lebt, lebt am Fluss. Seit 2005 liegt die Elbe für mich fast vor der Haustür. Sie gilt als „Tor zur Welt". Jahrelang sah ich auf meinem Radweg zum Arbeitsplatz in der Citykirche die Container- und Kreuzfahrtschiffe an mir vorüberziehen. Seit meinem Ruhestandsbeginn vor 7 Jahren erlebe ich diese Riesen noch hautnäher bei meinen morgendlichen Joggingrunden am Elbufer. Schon lange fasziniert mich der Gedanke, dass man kein Flugzeug braucht, um von hier in die Welt aufzubrechen. Mit dem Schiff ist man nach ein paar Stunden draußen auf dem Meer.

1960 erblickte ich erstmals das Meer – bei einem Campingurlaub mit Eltern und Geschwistern. Nach langer Autofahrt, weg aus dem engen hessischen Dorf meiner Kindheit, tat sich in Großenbrode plötzlich der Horizont auf, ein Blick ins Unendliche. Diese Weite! Dieser Himmel! Dabei war es nur die Ostsee. Doch ich war angefixt von einer Sehnsucht nach Meer, nach mehr.

Jahrzehnte später bestieg ich erstmals ein Kreuzfahrtschiff. Mit der „Maxim Gorkiy", unter russischer Flagge von einem deutschen Unternehmen gechartert, ging es von Bremerhaven bis Spitzbergen, ganz nah an die Eisberge. Das war 2007. Es war atemberaubend schön. Und beängstigend, denn an Bord erzählte man uns, wie schnell das Eis schmilzt. Mich beschlichen Skrupel. Ist es kein schauderhafter Frevel, beim Verschwinden der Welt zuzuschauen?

7 Jahre später ließ ich mich wieder verführen: Eine Hamburger Wochen-
zeitung warb für eine Atlantiküberquerung auf der eleganten Schönheit
„Queen Mary 2" – mit zwei renommierten Journalisten an Bord, die zu Ge-
sprächen und Vorträgen luden. Ich würde entschleunigt in 11 Tagen nach
New York reisen, wo ich mal Krankenhausseelsorger war. Zur kritischen Ökobilanz des Oceanliners kam diesmal der Rückflug nach Hamburg hinzu.

Dann begann 2015 der Ruhestand. Als Hauptpastor war ich aller Aufgaben
entpflichtet, doch als Pastor durfte ich weiter tätig sein. Warum nicht Be-
rufliches mit Privatem verbinden? Ich bewarb mich als Bordgeistlicher beim
Außenamt der Evangelischen Kirche in Deutschland. 2017 begleitete ich
eine dreiwöchige, 5000 Seemeilen weite Reise von und nach Hamburg. Den
Liegeplatz der „Amadea", die manche aus der Fernsehserie „Traumschiff"
kennen, konnte ich mit öffentlichen Verkehrsmitteln erreichen. Was lockte:
der Besuch der Kanarischen Inseln, die ich noch nicht kannte. Ich gebe zu:
Die Reise auf dem überschaubar großen Schiff mit knapp 600 Passagieren
und 300 Besatzungsmitgliedern hatte etwas Traumhaftes. Ein guter Mix
von Muße auf dem Wasser und „muss man mal gesehen haben" an Land.

Was mich irritierte beim Besteigen des Schiffs – das große Banner an der
Reling: „Willkommen zu Hause!" An Bord merkte ich schnell, wie sehr das
zutraf für die gefühlt meisten Passagiere. Bei Tisch tauschte man sich aus
– über die zweite oder dritte Reise. Auf diesem Schiff! Und in diesem Jahr!
Jetzt verstand ich, warum viele bei den Landgängen nicht mitmachten: Sie
kannten die Inseln bereits, oder ihnen war der Ausflug zu beschwerlich.
Immerhin liegt das Durchschnittsalter bei deutlich über 70. Zynisch könnte
man anmerken: Kreuzfahrtschiffe sind schwimmende Seniorenresidenzen.

Kühl kalkuliert, liegen die Kosten günstiger als an Land. Vorteil an Bord:
Man wird rund um die Uhr als Gast verwöhnt. Hat Arzt, Pastor, Entertainer
an Bord. Und fünf Mahlzeiten am Tag. Wie im Schlaraffenland. Die reine
Völlerei und Maßlosigkeit. Für mich zu viel.

Als Bordgeistlicher reiste ich umsonst, dafür wurde mein Dienst nicht
vergütet. Ein komfortabler Deal. Auf See bot ich täglich Andachten an, in
einer Lounge am Bug des Schiffes mit fantastischem Rundumblick aufs
Meer. Das hatte was! Hier über den Zug durchs Rote Meer, über die Sintflut
oder Jesu Taufe am Jordan zu sprechen lag nahe. Biblische Topoi gibt es
genug: „Nähme ich Flügel der Morgenröte und bliebe am äußersten Meer,

so würde auch dort deine Hand mich halten" (Psalm 139). Die morgendliche Einstimmung hatte etwas Beschwingtes, buchstäblich über den Wogen Schwebendes. Und schmeichelte bei so viel freundlicher Resonanz dem Ego. Es gab Nachgespräche. Und Interesse an meinen Büchern. Bei Landgängen fühlte ich mich als Zivi – ich half beim Einsteigen in die Busse, suchte bei der Rückfahrt nach verlorenen Schafen. Im Collarhemd war ich leicht identifizierbar, wurde angesprochen, auch seelsorgerlich in Anspruch genommen. Ich erinnere mich an intensive Lebensbilanzgespräche. Die Anonymität an Bord erleichtert es, sich die Lasten des eigenen Lebens von der Seele zu reden.

Zurück in Hamburg beschlichen mich Zweifel: Gab doch die Kirche mit ihren Diensten an Bord dieser Art des Reisens einen offiziellen Segen. Wie ist das zu vereinbaren mit dem Bekenntnis zur „Bewahrung der Schöpfung"?

Ich brauchte eine Pause. Dann klingelte ein Jahr später das Telefon. Das Außenamt der Evangelischen Kirche in Deutschland fragte, ob ich kurzfristig für einen Kollegen einspringen könne. Wieder die „Amadea". Diesmal eine dreiwöchige Reise ab Bremerhaven über Island und Grönland nach Montreal.

Ich zögerte. Und konnte dann doch nicht Nein sagen. Ich war noch nie in Montreal. Würde zum Grab von Leonard Cohen pilgern. Mein Bruder würde mich begleiten, eine Möglichkeit intensiver Begegnungen. Und Seelsorge sowie Gottesdienste kommen doch an bei den Menschen!

Gute Gründe gibt es immer. Doch inzwischen überwiegen für mich die Abgründe. In Zukunft also ohne mich. Ich weiß: Der Kreuzfahrttourismus zeigt nur krass und fokussiert das grundsätzliche Problem unseres auf Wachstum, Konsum und Freizeit getrimmten Lebensstils. Wir leben maßlos über unsere Verhältnisse und auf Kosten anderer. Unser Wohlstand ist die Folge von Raubbau an der Natur und Ausbeutung von Menschen aus Niedriglohnländern. Das ist ungerecht. Und schreit zum Himmel.

Derweil geht das Wachstum der Branche weiter. The show must go on. Zur Imageverbesserung holt man Prominente als Reisebegleiter an Bord. Dann kann das Ganze doch nicht verwerflich sein, oder?

Doch, das ist es! Wir sind Klimaverpflichtungen eingegangen. Weil ich allein schwach und verführbar bin und es schwer ist, sich allein zu ändern, braucht es einen starken Staat, der Limits setzt und die stärkt, die tapfer dagegenhalten mit maßvollem Lebensstil. Also nicht länger „Miles & More". Sondern „Miles & Less". Einen Grundbedarf an Energieverbrauch kann man errechnen. Doch wer mehr Ressourcen verbraucht, den sollte man exponentiell besteuern. Das Geld müsste zu denen fließen, die sich an der Mitweltzerstörung nicht beteiligen und zu den Opfern unserer Lebens- und Wirtschaftsweise gehören.

Derweil findet meine Sehnsucht nach Meer andere Wege. Ich radle die Ostseeküste entlang. Einmal bis Danzig. Alle Jahre wieder fahre ich von meinem Heimathafen Hamburg nach Helgoland. Dort auf dem Oberland abends still auf einer Bank sitzen und schauen, wie das Meer mit der Abendsonne spielt, dann mit dem Himmel verschmilzt und schließlich die Sterne zu funkeln beginnen – Gott, ist das schön!

4. WEIHNACHTEN
Mehr als eine Zeitenwende

(NDR KULTUR am 25.12.2022)

„Allem Anfang wohnt ein Zauber inne." Das behauptet Hermann Hesse in seinem bekannten Stufen-Gedicht. Ob er dabei auch an Weihnachten gedacht hat? Alle Jahre wieder erinnert uns dieses Fest an einen besonderen Anfang. Tatsächlich vermag die Geburtsgeschichte, wie sie der Evangelist Lukas überliefert, zu verzaubern. Sie klingt für viele Ohren heimatlich vertraut: „Und sie gebar ihren ersten Sohn und wickelte ihn in Windeln und legte ihn in eine Krippe, denn sie fanden sonst keinen Raum in der Herberge." Angesichts des offenen Himmels, himmlischer Heerscharen über den Feldern von Bethlehem und im Licht unserer traditionell-weihnachtlichen Ausschmückungen bekommt diese Szene etwas Anheimelndes, Bergendes, Tröstliches.

Ein Kind, geboren in einer Notunterkunft, auf der Straße, auf der Flucht, in einem Luftschutzkeller – ein Schicksal, das quer durch die Menschheitsgeschichte bis heute Millionen erleiden – an Weihnachten feiern wir es, als könnte es nichts Schöneres geben: eine Geburt, die allen widrigen Umständen zum Trotz unter einem guten Stern steht, die Himmel und Erde bewegt und nicht nur Engelszungen löst zu großem Jubel: „Fürchtet euch nicht! Siehe, ich verkündige euch große Freude, die allem Volk widerfahren wird. Denn euch ist heute der Heiland geboren."

So machen sich zu diesem Ereignis auf den Weg nicht nur die Hirten in derselben Gegend auf dem Feld bei den Hürden, die nachts ihre Herde hüten, um die Geschichte zu sehen, die da geschehen ist. Noch heute nehmen rund um den Globus Menschen weite Reisen auf sich, um an den Ort der Geburt, zu den Eltern oder Kindern und Enkeln zu reisen. Sie besuchen Gottesdienste, um Krippenspiele und leuchtende Kinderaugen zu sehen, mitreißende Choräle zu hören und mitzusingen: „Ehre sei Gott in der Höhe und Friede auf Erden und den Menschen ein Wohlgefallen."

Allem Anfang wohnt ein Zauber inne? Manche können es nicht mehr hören. Sie nehmen Reißaus vor einem Fest, das an einen Anfang erinnert, der keinesfalls zauberhaft war. Für Unzählige ist die Reise zu den Anfängen, in die eigene Kindheit, ein Horror und die Wiederkehr alter Traumata. Weihnachten reißt alte Wunden auf.

Marie Luise Kaschnitz erzählt von einem Jungen, der zufällig in einer alten Schachtel einen silbernen Stern findet: „Was ist das?" Die alleinerziehende Mutter will die Frage abschütteln: „Etwas von früher." Doch ihr Sohn lässt nicht locker. Er hört „Weihnachtsstern", „Baum in der Wohnstube", „kleiner Jesus in seiner Krippe" und will mehr wissen. Die Mutter schaltet den Fernseher an. Doch das Kind will nicht die Marspiloten sehen, sondern wissen, „was mit dem kleinen Sowieso war. – Es war, sagte die Mutter unwillkürlich, zur Zeit des Kaisers Augustus ..." Aber dann erschrickt sie und wird still. „Sollte das alles noch einmal von vorne anfangen, zuerst die Hoffnung und die Liebe und dann die Gleichgültigkeit und die Angst?" Nein! Sie lockt das Kind zu einem Spiel: Es darf den unansehnlichen Stern in den Müllschlucker vom Hochhaus fallen lassen. Lachend wirft es ihn hinein. Die Mutter hat sich längst abgewandt, doch das Kind steht weiterhin über den Müllschlucker gebeugt: „Ich sehe ihn immer noch, flüsterte es, er glitzert, er ist immer noch da."

So ist das wohl mit Weihnachten. Es ist immer noch da. Man kommt so oder so nicht daran vorbei. Alle Jahre wieder kommt das Christuskind. Und unser Blick wird zurück gelenkt – in eine dunkle, verwirrende, geheimnisvolle Kindheit. Wir begegnen einer Wiege, der eigenen und der des Christentums – beides kennen wir nur vom Hörensagen. Dabei geht es um Faszinosum und Tremendum zugleich, um das, was auch Religion ausmacht: Da sind Anziehungskräfte, die faszinieren und Sehnsucht wecken. Und Fliehkräfte, die uns erschaudern lassen oder erschrecken. Für den Philosophen Ernst Bloch gibt es in der Welt einen Wärmestrom, der auch gespeist wird von dem, was am Anfang aufleuchtet wie ein Leitstern, der in eine bessere Zukunft weist. Für mich hat der Schlusssatz seines zentralen Werks „Das Prinzip Hoffnung" eine weihnachtliche Konnotation: „Hat der Mensch sich erfasst und das Seine ohne Entäußerung und Entfremdung in realer Demokratie begründet, so entsteht in der Welt etwas, das allen in die Kindheit scheint und worin noch niemand war: Heimat."

Versuchen wir ein Zwischenfazit: Ein Blick zu den Anfängen könnte lohnend sein und neue Türen aufstoßen. Ich will Sie deshalb mitnehmen auf die Reise zu der Zeitenwende, die unsere Welt noch immer einteilt in ein Davor und ein Danach. Auch im Jahr 2022 unserer Zeitrechnung – also: nach Christus – sind die Schätze, von denen an der Krippe gesungen wird, nicht gehoben.

I. Zunächst haftet der Wende zurück in die Kindheit – die verlorene, in die Heimat; die verlorene, in die Frömmigkeit; die abhanden gekommene – nichts Nostalgisches an. Früher war nicht alles besser. Wer sich am Stallgeruch einer Idylle von Vater, Mutter, Kind, Ochs und Esel wärmen will, wacht schnell auf im Albtraum eines Flüchtlingsschicksals unserer Tage.

Immerhin, das könnte ein erster Ertrag dieser alljährlich zelebrierten Rückwärtswende sein: Angesichts eines Neugeborenen werden wir inne, wie verletzlich, wie angewiesen wir alle sind. Ohne Beistand und Solidarität, ohne Mitgefühl, Liebe und Fürsorge kommt kein Menschenkind auf die Füße. Weihnachten, das Gabenfest, könnte die empathischen Begabungen in uns stärken, uns sympathischer machen und freundlicher stimmen. Kein Raum in der Herberge? Nicht doch! Wie klein mein persönlicher Beitrag auch sein mag: Ich kann etwas tun, um diese Welt zu einem wirtlicheren und wärmeren Ort zu machen. Und sei es mit einer Spende, die in allen Kirchen an den Weihnachtsfeiertagen gesammelt wird.

II. Weihnachten, die Hinwendung zu einer Geburt, hat noch eine tiefere Dimension. Gemeinhin leben wir nach vorne. In ernsteren Stunden, und das sind gelegentlich auch die Tage zwischen den Jahren, wird uns, je älter wir werden, unsere Hinfälligkeit und Fragilität bewusst. Wie sehr man auch dagegen ankämpft: Wir sind Vorübergehende, wir sind Sterbliche. Dem Tod können wir nicht ausweichen, so sehr wir ihn verstecken oder verdrängen. Dagegen gleicht die Reise nach Bethlehem einem Sprung in einen Jungbrunnen.

Überraschenderweise ist es die jüdische Philosophin Hannah Arendt, die uns auf diese Spur setzt. Anlässlich einer Aufführung von Händels Messias schrieb sie 1952: „Was für ein Werk! Das Hallelujah liegt mir noch im Ohr und in den Gliedern. Mir wurde zum erstenmal klar, wie großartig das *Es ist uns ein Kind geboren* ist." Und in ihrem „Denktagebuch" schreibt sie: „Die tiefe Wahrheit dieses Teils der Christuslegende: Aller Anfang ist heil; um des Anfangs willen, um dieses Heiles willen, hat Gott den Menschen in die Welt hineingeschaffen ..."

Für Hannah Arendt ist nicht der Ausblick auf den Tod, sondern der Blick auf die Geburt Quelle wirklichen Handelns: „Das Wunder, das den Lauf der Welt und den Gang menschlicher Dinge immer wieder unterbricht und von dem

Verderben rettet, ist ... die Tatsache der Natalität ... Dass man in der Welt Vertrauen haben und dass man für die Welt hoffen darf, ist vielleicht nirgends knapper und schöner ausgedrückt als in den Worten, mit denen die Weihnachtoratorien die *Frohe Botschaft* verkünden: *Uns ist ein Kind geboren.*"

Jede Geburt hat für Hannah Arendt etwas Göttliches. Als einziges Geschöpf wurde der Mensch Gott zum Bilde geschaffen und mit einem Vermögen zum Beginnen begabt: „Weil jeder Mensch aufgrund des Geborenseins ein Initium, ein Anfang und Neuankömmling in dieser Welt ist, können Menschen Initiative ergreifen, Anfänger werden und Neues in Bewegung setzen."

Die weihnachtliche Zeitenwende lässt uns von Sterblichen – mit Hannah Arendt gesprochen – zu „Gebürtlichen" werden. Wenn das keine Revolution ist! Weihnachten als heilsame Unterbrechung in einer Welt, die täglich mit Todes-Nachrichten überflutet wird. Weihnachten als Reset-Taste. Alles auf Anfang. Denn wir sind mit einem Vermögen zum Beginnen begabt.

Der zeitgenössische Philosoph Peter Sloterdijk toppt diese Aussage, wenn er dem Christentum eine „akrobatische Revolution" bescheinigt. Unsere Welt sei geprägt vom Glauben an die Vormacht der tödlichen Unterbrechung, schreibt er in seinem Werk „Du musst dein Leben ändern". Mit dem *Salto vitale* des Auferstandenen werde dieser Glaube gesprengt. Statt Todessprung neuer Aufbruch ins Leben. Das ist die Quintessenz des Ostergeschehens wie die Botschaft der Heiligen Nacht.

III. Die weihnachtliche Zeitenwende enthält auch eine politische Provokation. Lukas verortet sein Evangelium in einer Welt, die vom römischen Imperium beherrscht wird. Dessen Statthalter halten mit ihrem Militär jede Provinz in Schach. „Es begab sich aber zu der Zeit, dass ein Gebot vom Kaiser Augustus ausging ..." Dieser Pax Romana, dem auf Unterwerfung gegründeten Frieden, wird auf subversive Weise der Kampf angesagt. Und zwar draußen bei den kleinen Leuten, den Tagelöhnern, den Hirten in Bethlehem. Was immer man unter den himmlischen Heerscharen verstehen mag, die Gott die Ehre geben und Frieden auf Erden bei den Menschen seines Wohlgefallens verkünden – diese etwas andere Friedensbotschaft macht die Mächtigen in den Metropolen nervös. Das führt sogar, wie der Evangelist Matthäus berichtet, zum Kindermord von Bethlehem – potenzielle Herausforderer der bestehenden Machtverhältnisse werden präventiv getötet. Nur durch Flucht nach Ägypten konnte sich die „heilige Familie" dem Massaker entziehen.

Wer weiß: Vielleicht war der Medizinstudent Georg Büchner inspiriert von der Weihnachtsbotschaft, als er im Frühjahr 1834 in seiner Flugschrift „Der Hessische Bote" mit der Parole „Friede den Hütten! Krieg den Palästen!" es wagte, die Unterdrückung des einfachen Volkes anzuprangern.

Lukas kommt keineswegs unpolitisch daher. Im 1. Kapitel seines Evangeliums, also vor der uns vertrauten Weihnachtserzählung, legt er der schwangeren Maria diese Worte in den Mund: „Gott übt Gewalt mit seinem Arm und zerstreut, die hoffärtig sind in ihres Herzens Sinn. Er stößt die Gewaltigen vom Thron und erhebt die Niedrigen." Mit diesem „Magnifikat" wird Maria zur Protagonistin einer Zeitenwende. Lukas stellt sie bewusst in die Tradition des jüdischen Volkes und der Mirjam aus dem 2. Buch Mose.

Wir erinnern uns: Moses droht mit dem Auszug aus der Sklaverei am Schilfmeer zu scheitern. Doch bevor das ägyptische Militär zuschlagen kann, wird es von den Wasserfluten verschlungen. Darauf nimmt Mirjam, die Schwester von Moses und Aaron, „eine Pauke in ihre Hand, und alle Frauen folgten ihr nach mit Pauken im Reigen. Und Mirjam sang ihnen vor: *Lasst uns dem HERRN singen, denn er hat eine herrliche Tat getan, Ross und Mann hat er ins Meer gestürzt"* (2. Mose 15,20f.). Die Bibelwissenschaft hält diesen Vers für das älteste Credo des Volkes Israel. In ihm liegt eine Befreiungstheologie begründet, von der auch die neutestamentliche Maria inspiriert ist.

IV. Noch eine weitere Zeitenwende läutet Weihnachten ein: das Ende des Patriarchats. Das mag plakativ klingen. Doch was die Bibel dazu sagt, hat Charme und Chuzpe. Nicht länger definiert sich eine Frau über den Mann, dem eine neue Rolle zugewiesen wird. Und er willigt ein. Das wird uns auf berührende Weise erzählt. Zugleich wächst Maria über sich hinaus.

Bei Matthäus lesen wir, dass Josef wegen der ungeklärten Schwangerschaft – er jedenfalls ist nicht der Vater – seine Verlobte still und ohne Skandal verlassen will. Doch im Traum erscheint ihm ein Engel. Auf dessen Stimme hört er – und nimmt die zukünftige Vaterrolle an. Er bleibt sensibel, empfänglich für die Botschaften aus dem Unbewussten. Ein weiterer Traum kurz nach der Geburt lässt ihn mit Frau und Kind vor den Schächern des

Herodes fliehen. Die Kunstgeschichte zeichnet Josef als wachen, zärtlichen Adoptivvater. Während er Mutter und Kind bekocht, wird Maria oft lesend dargestellt. Diese macht eine unglaubliche Karriere vom schüchternen Mädchen zur mutigen, redegewandten Powerfrau.

Wenn man das bereits zitierte Magnifikat liest oder in einer der zahlreichen Vertonungen hört, gern in der Luther-Übersetzung, kann man ins Staunen kommen: „Meine Seele erhebt den HERRN und mein Geist freut sich Gottes, meines Heilands, denn er hat die Niedrigkeit seiner Magd angesehen." So beginnt ihre Rede, an deren Ende die Herrschaftsverhältnisse umgestürzt, die Hungrigen mit Gütern gefüllt werden und die Reichen leer ausgehen. Ist es nicht eine großartige Vorstellung, dass die Menschenseele eine Hebebühne für Gott ist? Was muss passieren, damit ich sagen kann: Meine Seele erhebt Gott und freut sich, denn dieser Gott sieht mich an mit Sympathie!? Maria weiß sich aus dem Staub erhoben, aus der Niedrigkeit, aus der Erniedrigung, der sie als schwangeres, noch nicht verheiratetes Mädchen ausgesetzt war. Manch feministische Bibelauslegung mutmaßt gar, dass Maria Opfer einer Vergewaltigung war. Wie immer es zur Schwangerschaft kam: Was zählt ist, dass sie, die später als Gottesmutter titulierte, in sich einen Gott erlebt, der sie mit Freude anschaut, groß macht, und den auch sie groß macht. „Magnifikat. Meine Seele erhebt den HERRN."

V. Schlussendlich kann man Weihnachten deuten als Versuch, der Theodizee-Frage eine neue Wendung zu geben. Bis heute fragen sich Menschen, ob gläubig oder nicht: Wie kann Gott – wenn es ihn gibt – all das Böse zulassen, das in der Welt geschieht. Die Bibel ist noch radikaler, da hat die Frage einen Adressaten: Warum tust du, Gott, mir das an?

Für das Insistieren auf eine Antwort steht Hiob. Dessen Freunde halten das zunehmend für blasphemisch und beginnen, Gott zu verteidigen. Doch Hiob lässt sich nicht einschüchtern. Weil für ihn all das Unglück, dass ihn ereilt, kein blindes, anonymes Schicksal ist, sondern Gottes Werk, fordert er Rechenschaft. Am Ende des Buches bleibt Gott eine Antwort schuldig. Mit großem Getöse demonstriert er zwar seine Allmacht, doch an der hat Hiob nie gezweifelt. Er gibt auf – streut Asche auf sein Haupt: Im Vergleich zu Gott ist er ein Wurm, das weiß er. Doch der Stachel seines Widerspruchs bleibt. In der Zwiesprache mit Gott schleudert er diesem trotzig entgegen: „Ich weiß, dass mein Erlöser lebt."

Im 1998 erschienenen Buch „Gott. Eine Biographie" macht der amerikanische Schriftsteller Jack Miles eine interessante Beobachtung: Gottes wörtliche Rede verstummt nach dem Hiob-Buch. Für den Autor heißt das: Hiob hat moralisch gesiegt. Gott zieht sich zurück. Im Aufbau des Tanach, der hebräischen Bibel, wird nach dem Buch Hiob von Gott tatsächlich nur noch in der 3. Person geredet, als wisse man von ihm nur noch vom Hörensagen.

Die einzige Möglichkeit, wieder mit dem Menschen ins Gespräch zu kommen, ist, sich selber einem Hiob-Schicksal zu stellen – so Miles' These in einem Jesus-Buch, das einige Jahre später erschien. Damit sind wir wieder bei Weihnachten. Im Theologen-Jargon geht es bei Jesu Geburt um die Inkarnation. Gott inkarniert; er wird Mensch, liefert sich von der Krippe bis zum Kreuz menschlicher Willkür und Gewalt aus. „Er äußert sich all seiner G'walt, wird niedrig und gering, nimmt an sich eines Knechts Gestalt – der Schöpfer aller Ding", heißt es in einem Weihnachtslied. Dieser Seitenwechsel ist bestürzend und müsste alle theologische Rede auf den Kopf bzw. auf neue Füße stellen. Kurt Marti, Schweizer Pfarrer und Dichter, hat das in einem Gedicht auf den Punkt gebracht: „Damals, als Gott im Schrei der Geburt die Gottesbilder zerschlug und zwischen Marias Schenkeln runzlig rot das Kind lag."

Schade, dass aus Weihnachten bislang keine Revision des christlichen Credos erfolgt ist. Sonntag für Sonntag wird in den Kirchen gesprochen: „Ich glaube an Gott, den Allmächtigen." Müsste es nicht im gleichen Atemzug heißen: „Ich glaube an Gott, den Ohnmächtigen, geboren in einem Stall, menschlicher Willkür ausgeliefert."? Damit ist die Frage nach dem Bösen in der Welt noch nicht aufgelöst. Doch zumindest steht Gott seit Weihnachten nicht mehr teilnahmslos draußen. Er hat sich verbunden mit dem Menschen. Ein neues Band, ein neuer Bund. Da ist ein Gott, der Anteil nimmt am menschlichen Schicksal und Anteil gibt an seinem eigenen. Ist das ein Trost?

Gottes „Einwohnung", von der die hebräische Bibel im Jesaja-Buch schreibt, lässt im Menschen eine Präsenz, eine göttliche Gegenwart aufleuchten, die das Judentum bis heute „Schechina" nennt.

Weihnachten erinnert daran: Gott will im Menschen wohnen, in ihm geboren, von ihm ausgetragen werden. Johannes Scheffler, der am 25. Dezember 1624 in Breslau geborene und getaufte Arzt und Mystiker, formulierte es so: „Wäre Christus tausendmal in Bethlehem geboren und nicht in dir, so wärest du auf ewig noch verloren."

5. SCHREIE, DIE NICHT INS LEERE GEHEN
Warum Ostern eine Tür aufstößt

(Dieser Essay wurde Ostersonntag, am 17.4.2022, von NDR KULTUR gesendet.)

Die Bibel ist voller Geschrei. Das beginnt in Genesis 4 nach dem ersten Mord: „Die Stimme des Blutes deines Bruders schreit zu mir von der Erde." Die Exodusgeschichte, die Befreiung des Volkes Israel aus der Sklaverei, beginnt mit den Schreien der Unterdrückten, die Gehör finden.

Im Neuen Testament passiert Heilung häufig deshalb, weil Menschen sich das Schreien nicht verbieten lassen. Und Jesu Todesschrei zerreißt nicht nur den Vorhang im Tempel, sondern auch den Wahrnehmungshorizont des römischen Hauptmanns. Beginnt so Auferstehung? Ist das Ostern?

„Ich ging den Weg entlang mit zwei Freunden – die Sonne ging unter – der Himmel wurde plötzlich blutig rot. – Ich fühlte einen Hauch von Wehmut. – Ich stand, lehnte mich an den Zaun – todmüde. – Ich sah hinüber ... die flammenden Wolken wie Blut und Schwert – den blauschwarzen Fjord und die Stadt. – Meine Freunde gingen weiter – ich stand da, zitternd vor Angst – und ich fühlte etwas wie einen großen, unendlichen Schrei durch die Natur."

Man könnte bei diesen Worten an die Emmaus-Jünger denken, die nach Jesu Kreuzigung verzweifelt ihren Weg gehen. Hinter ihnen ein totaler Zusammenbruch, eine Katastrophe, die sich Ausdruck verschafft in einem einzigen Schrei, der den Himmel zu zerreißen scheint. Tatsächlich finden sich die Zeilen in Edvard Munchs Nachlass – als Kommentar zu vier Gemälden, die von 1893 bis 1910 entstanden mit weitgehend identischem Motiv. Sie zeigen eine menschliche Figur unter rotem Himmel, die ihre Hände gegen den Kopf presst, während sie Mund und Augen angstvoll aufreißt.

„Der Schrei" ist das bekannteste Bildmotiv des norwegischen Malers und Teil seines sogenannten Lebensfrieses. Es zeigt beispielhaft, wie Munch in seinen Werken die äußere Natur zum Spiegel seines inneren Erlebens machte, und wird von manchen als Beginn der Stilrichtung des Expressionismus gewertet. An anderer Stelle in seinen nachgelassenen Schriften beschreibt Munch die Angstattacke, die das Gemälde motivierte, so:

„Ich fühlte einen lauten Schrei – und ich hörte wirklich einen lauten Schrei … Luftschwingungen brachten nicht nur mein Auge in Schwingungen, sondern auch mein Ohr – denn ich hörte wirklich einen Schrei. Da malte ich das Bild *Der Schrei*."

„Der Schrei" – man könnte meinen, Munch habe das Grauen des 20. Jahrhunderts vorweggenommen – mit zwei Weltkriegen, dem Menschheitsverbrechen der Shoa, dem stalinistischen Terror. Doch „Der Schrei" könnte auch leitmotivisch über dem Drama unserer Kulturgeschichte stehen. Die menschliche Zivilisation begann, so erzählt die Bibel, mit einem Brudermord, mit einem tödlichen Streit zwischen Ackerbauer und Viehzüchter, mit einem Zwist, in dem Neid und Missgunst aus dem Ruder laufen. „Die Stimme des Blutes deines Bruders schreit zu mir von der Erde", heißt es in Genesis 4. Ein Schrei, der nicht verhallen will, der zumindest in Gottes Ohr Resonanz findet, der sich dem Mörder ins Gewissen setzt, ihn in die Flucht schlägt und in eine unstete Existenz treibt.

Ich glaube, auch uns Nachgeborene kann eine Beunruhigung über diese „Stimme des Blutes unseres Bruders" erfassen. Sie hört nicht auf, von der Erde zu schreien. Scham und Schuld über himmelschreiendes Unrecht können einem zusetzen, ebenso die ererbte Verantwortung für ungesühnte und nicht wieder gut zu machende Verbrechen unserer Eltern- oder Großelterngeneration. Doch die Stimme des Blutes unserer Brüder, unserer Schwestern ist mehr als eine Gewissensregung. Sie ist auch Antrieb für eine Hoffnung, die sich einem zynischen Realismus und Fatalismus verweigert.

Man hat es „Negative Theologie" genannt, als Max Horkheimer, ein marxistischer Denker aus der „Frankfurter Schule", wenige Jahre vor seinem Tod in einem Interview zum Erstaunen vieler Zeitgenossen sagte:

„Theologie bedeutet … das Bewusstsein davon, dass die Welt Erscheinung ist, dass sie nicht die absolute Wahrheit, das Letzte ist. Theologie ist – ich drücke mich bewusst vorsichtig aus – die Hoffnung, dass es bei diesem Unrecht, durch das die Welt gekennzeichnet ist, nicht bleibe, dass das Unrecht nicht das letzte Wort sein möge." Dann fügt der Philosoph noch hinzu, dass Theologie für ihn „Ausdruck einer Sehnsucht sei, Sehnsucht danach, dass der Mörder nicht über das unschuldige Opfertriumphieren möge". (S. 62 in: „Die Sehnsucht nach dem ganz Anderen", 1970)

Sehnsucht ist damit die elementare Weigerung, sich abzufinden und in ein vermeintlich unabänderliches Fatum zu schicken. Ein mächtiges Vehikel, das dieser Unabgefundenheit und Untröstbarkeit Kraft geben und Raum verschaffen kann, ist der Schrei. Ich frage mich, ob unsere Geschichte nicht anders verlaufen wäre, ja immer wieder anders verlaufen könnte, wenn wir uns trauten zu schreien. Wir leben in einer merkwürdig ruhiggestellten Kultur. Ich selbst wuchs noch auf mit dem Spruch aus dem Poesiealbum, dass Reden Silber sei, Schweigen aber Gold. Doch das war keine Poesie, sondern brutaler Erziehungsalltag. Immer wieder galt es, runterzuschlucken, sich nicht anzustellen. Kindliche Rebellion gegen Züchtigungen und andere Übergriffe aus der Erwachsenenwelt wurde so im Keim erstickt. Im Angesicht sogenannter Autoritäten hatten wir Kinder zu schweigen. Und nicht zu hinterfragen, was eigentlich geschieht.

Woher kommt diese Haltung? Einen elementaren Baustein lieferte über Jahrhunderte die christliche Theologie mit dem Konzept des Gehorsams. Schon in der hebräischen Bibel wird er eingefordert bei Abraham, dem Stammvater der drei monotheistischen Religionen. Gott „versucht" Abraham, heißt es in Genesis 22, indem er ihn auffordert, ihm seinen einzigen Sohn als Brandopfer darzubringen. Es muss doch in Abraham geschrien haben, als ihm sein Gott diesen Befehl gab! Doch wir hören nichts von Einspruch oder Protest. Vielmehr wandert Abraham mit Isaak auf einem langen Fußmarsch in scheinbar stoischem Gleichmut auf den Berg, lässt sich auch von den vertrauensvollen Fragen des Sohnes nicht irritieren, schichtet den Opferaltar auf, bindet den Knaben und greift zum Messer, um ihn zu „schlachten", wie Luther übersetzt. Jene Szene auf dem Berg Morija wurde unzählige Male von Künstlern dargestellt. Stets sieht man einen Isaak, der sich stumm wie ein Lamm seinem Schicksal ergibt.

Nur eine *schreiende* Ausnahme ist mir bekannt: Caravaggio. Auf dessen Gemälde von 1603 sieht man, wie sich Abraham über den Sohn beugt. Es sind die Hände eines alten Mannes, die zunächst auffallen: Faltig und rau sind sie, von einem langen Leben gegerbt. Aber noch immer ist ihr Griff fest und sicher. Wie mit einem Schraubstock, mit eiserner Hand, drückt er den Knaben auf den Stein, in der anderen Hand fest umschlossen das Messer. Kalt schimmert der dunkle Stahl, glatt und schartenlos die scharfe Schnittkante, nur Zentimeter vom Hals des Jungen entfernt. Und da – am unteren Bildrand – reißt der Junge voll Entsetzen Augen und Mund auf. Als Betrachter spürt man fast körperlich, wie ein Schrei die unheimliche Stille, das abgrundtiefe Schweigen über der Szene zerreißt. Der Junge schaut mich direkt an, blickt über das Geschehen hinaus, sprengt es geradezu – auch mit seinem Blick. So geht der Schrei blanken Entsetzens, nackter Panik und schierer Todesangst auch an meine Adresse.

Im Bibeltext steht, ein Engel gebiete dem Mord Einhalt, so malt es Caravaggio: Man sieht, wie ein zarter Jüngling – er sieht Isaak erstaunlich ähnlich – Abraham unterbricht und seine Hand festhält. Doch mir scheint, es sei die Stimme, der Schrei des Jungen, der den Vater aufweckt, aus seinem wahnsinnigen Tun aufschreckt. Denn das gibt es: Schreie können rettend sein. Sie lösen etwas aus, können buchstäblich entfesseln und befreien.

Zu unserer kreatürlichen, animalischen Grundausstattung gehört unsere Erschütterbarkeit. Angst, Schmerz und Entsetzen lassen uns aufschreien. Und umgekehrt trifft uns, selbst wenn wir Augen und Ohren zuhalten, der Schrei einer Mitkreatur. Er kann uns bis ins Mark erschüttern.

Mit Schreien kann man Türen aufstoßen. Unterdrückte Schreie dagegen können krank machen. Wie gesagt, die Bibel erzählt nichts von einem Schrei Isaaks. Wohl aber liest man, zumindest zwischen den Zeilen, von einem großen Schweigen zwischen Vater und Sohn. Auf dem Weg zum Opferberg waren sie im Gespräch, jetzt sind sie verstummt, für den Rest ihrer Tage. In Isaak dürfte auf diesem Berg etwas gestorben sein. Auch der Vater findet keine Worte, das Trauma anzusprechen. Wir erfahren nur, dass sich nach der Rückkehr ihre Wege trennen. Sie haben sich nichts mehr zu sagen. Erst Jahre später erfüllt Isaak seine Sohnespflicht und begräbt den toten Vater.

Das ist tragisch, auch weil es millionenfach geschieht, bis heute: Erlittene und unverarbeitete Gewalterfahrung lähmt, sie kann Menschen emotional blockieren und selbstzerstörerisch wirken. Schlimmer noch, in eine Spirale endloser Gewalt treiben. Wie diesen destruktiven Zirkel durchbrechen? Es gibt zahlreiche therapeutische Verfahren, um tief im Körpergedächtnis blockierte und eingefrorene Schmerzen und Schreie zu lösen – namentlich die Primärtherapie, die Arthur Janov in seinem Buch „Der Urschrei" darlegte.

Ich bin überzeugt: Auch die christliche Theologie und eine entsprechende kirchliche Praxis können helfen und Türen für eine neue Wahrnehmung öffnen: wo es gelingt, das Kreuz, die äußerste Erfahrung von Gewalt und Gottverlassenheit, als Durchbruch zu etwas ganz Neuem, Anderem zu begreifen.

Die christliche Behauptung, Gott sei Mensch geworden und habe in der Gestalt Jesu von Nazareth das Licht der Welt erblickt, bleibt wahlweise ein Mysterium oder eine Provokation.

„Damals, als Gott im Schrei der Geburt die Gottesbilder zerschlug und zwischen Marias Schenkeln runzlig rot das Kind lag." So versuchte der Schweizer Pfarrer und Dichter Kurt Marti ein behäbig-gefühlsduseliges Weihnachtschristentum aufzuwecken für die skandalöse Botschaft, dass Gott herunterkommt und sich ohnmächtig menschlicher Fürsorge und Willkür ausliefert. Im Blick auf das zweite wichtige Datum des christlichen Glaubens, den Karfreitag, könnte man weiter formulieren: „Damals, als Gott im Schrei des Todes zerriss den Vorhang zwischen Physik und Metaphysik und einleuchtete im Blitz des Erkennens."

Lesen wir dazu Markus, den Verfasser des frühesten Evangeliums. Er schildert Jesu Tod mit knappen Worten – und eine Reaktion, die aufhorchen lässt und doch rätselhaft bleibt. In der Übersetzung Fridolin Stiers, ganz nah am griechischen Urtext, heißt es: „In der neunten Stunde schrie Jesus mit gewaltiger Stimme: *Mein Gott, mein Gott, warum hast du mich im Stich gelassen? ...* Jesus aber ließ einen gewaltigen Schrei und hauchte den Geist aus. Und der Vorhang im Tempel ward zersplissen – entzwei von oben bis unten. Als aber der Hauptmann, der ihm gegenüber dabeistand, ihn so – schreiend – den Geist aushauchen sah, sprach er: *Wahrhaftig – dieser war Gottes Sohn!"*

Was ist geschehen? Ein römischer Soldat, der sicher nicht die erste Kreuzigung beaufsichtigt, kann das Zerreißen des Tempelvorhangs nicht gesehen haben. Dieser Satz steht für die Deutung, dass im Moment von Jesu Tod die Trennung von profan und heilig zerreißt, das Heilige nicht länger dem menschlichen Blick verborgen ist. Doch was gibt es da zu sehen? Was passiert im Auge des Betrachters, des unbeteiligten Militärs, als der Todesschrei ihn aus seiner Gleichgültigkeit reißt? Was bringt ihn aus der Fassung? Als ob bei ihm ein Vorhang fällt und sich hinter seiner bisherigen Weltwahrnehmung eine Wirklichkeit auftut, die er noch nie gesehen hat. Als leuchte hinter dem Abgrund des Todesschreis eine andere Wahrheit auf. Ein Grund hinter den Abgründen, der ihn sagen lässt: *Wahrhaftig! Gottes Sohn!*

Ralf Frisch, Jahrgang 1968, Professor für Systematische Theologie, legt in einem fiktiven Zwiegespräch dem Evangelisten Markus in den Mund, „dass es gut ist, dass sein Zorn ihn gerade diesen Tod finden ließ. Denn vielleicht kann nur dieser Tod, der ein Skandal ist und einen Riss ins Sein macht von oben bis unten, die Welt aus ihrer Selbstzufriedenheit herausreißen, ihrer Letzthinnigkeit entkleiden und ihr die Augen öffnen. Und vielleicht scheint gerade durch diesen Riss ein Licht von jenseits des Seins in diese Welt." („Ein Zwiegespräch mit dem Mann, der Jesus erfand", S. 144, 2020)

Es gibt diese Momente im Leben, wo es einem wie Schuppen von den Augen fällt. Und schlagartig etwas klar und sichtbar wird, was sich aber im nächsten Augenblick dem Zugriff, ja selbst der Sprache entzieht. Besonders in Todesnähe gibt es Erfahrungen, mehr noch: Offenbarungen, die uns ergreifen und die doch unser Begreifen übersteigen, also transzendieren.

An der Schwelle zwischen Karfreitag und Ostern – manchmal braucht es den endlos langen Karsamstag dazwischen – können Wandlungen passieren. Wie bei den Emmausjüngern, denen im „Dazwischen" ihrer Schritte, Blicke und Gesten eine Gegenwart „passiert". Ihnen passiert etwas Körperliches: Ihre Herzen brennen, ihre Augen tun sich auf, als falle ein Vorhang. „I once was blind but now I see, I once was lost but now I'm found."

Zu einer Übung im Schauen kann auch ein Flügelaltar anleiten. Aus gutem Grund stand der berühmte Isenheimer Altar ursprünglich in einem Hospiz. Im Angesicht des Gekreuzigten wussten sich die Kranken und Sterbenden nicht allein mit ihrem Schmerz. Und sie konnten sich Jesu Worte leihen: „Mich dürstet. – In deine Hände befehle ich meinen Geist."

Oder den entsetzlichen Schrei der Gottverlassenheit. Der konnte auf gewisse Weise auch einen Vorhang zerreißen – wusste man doch, dass hinter dem Bild des Sterbenden sich, nur einen Flügelschlag entfernt, das Bild des Auferstandenen auftat. Die Pointe, die Theologie liegt bei diesen Altären nicht in der Statik, sondern in der Dynamik, in den Scharnieren des Flügelaltars.

So kann die Begegnung mit Jesus, der sich selbst als *Menschensohn* sah, zum Gewahrwerden des Gottessohns werden. Wer sich von diesem Todesschrei mitnehmen lässt, für den reißen Vorhänge. Da bewegen sich Scharniere, da tun sich Türen auf. Plötzlich, im Nu eines Augenaufschlags, wird der leidende Menschenbruder Jesus zum gottdurchlässigen Menschen, also zu einem, der Gott durchlässt, und zu einem, den Gott durchlässt.

6. ÜBER DEN ZENIT HINAUS – UND DANN?
Das Johannes-der-Täufer-Moment

(NDR KULTUR am 19.6.2022)

Mit dem Sommeranfang kommt die Sommersonnenwende. Das heißt, der Sonnenstand hat seinen Zenit bereits überschritten, die Tage werden wieder kürzer. Es lohnt, diese Erfahrung auch im Blick auf den eigenen Lebenslauf zu reflektieren. Welche Fragen und möglicherweise auch Aufgaben stellen sich, wenn man inne wird, dass man selbst den Zenit des Lebens überschritten hat? Der 24. Juni, der „Tag des Täufers Johannes", bringt es mit einer markanten Formel auf den Punkt. Dem Täufer wird in der Begegnung mit Jesus bewusst: „Er muss wachsen, ich aber muss abnehmen."

Was bedeutet das? Welche Chancen können in jenem anderen Wachstum liegen, in dem die Christuskraft zunimmt und man sich selber zurücknimmt?

Doch Moment: Tag des Täufers? Was ist das? Der Termin steht zwar im liturgischen Festkalender, doch selbst in den Kirchen wird er kaum noch begangen. Ein paar Bräuche erinnern an ihn. Zum Beispiel die Johannisfeuer. Sie brennen in der Nacht zum 24. Juni, zumindest in Teilen Süddeutschlands, in Österreich, aber auch in Mitteldeutschland, etwa im Harz. Sie sind benannt nach dem Täufer Johannes, einem wortgewaltigen Feuerkopf. Im Matthäusevangelium wird er von Jesus gewürdigt: „Ich versichere euch: Unter den von einer Frau Geborenen ist Johannes der Größte."

Daher verwundert nicht, dass die Kirche dem Vorläufer und Ankündiger des Christus bereits im 5. Jahrhundert ein eigenes Geburtsfest widmete, auch „Sommerweihnacht" genannt. Gemäß einer Angabe aus dem Lukasevangelium besuchte Maria am Beginn ihrer Schwangerschaft ihre ältere Verwandte Elisabeth. Die war ebenfalls völlig unerwartet schwanger geworden und bereits im 6. Monat. Ihr Sohn Johannes würde 6 Monate vor Jesus geboren werden. So kam man auf die Sommersonnenwende, denn die Feier der Geburt Jesu zur Zeit der Wintersonnenwende war bereits festgelegt. Mit der Erhebung des Christentums zur Staatsreligion verschwand der römische Kult um den Kaiser, fortan ging mitten im Winter eine andere Sonne auf. Nun galt Christus als *Sol invictus*, als *Unbesiegbare Sonne*.

Man beging den 24. Juni wie Weihnachten als Hochfest. Noch bis 1955 galt er in der katholischen Kirche als Fest 1. Klasse, mit Vigil, Vigilfasten, dreifachem Gottesdienst und Oktav, einem liturgischen Nachklang am 8. Tag. Johann Sebastian Bach schrieb für den Johannistag drei Kantaten. Eine findet sich als Lied im Evangelischen Gesangbuch und erinnert an Jesu Taufe durch Johannes: „Christ unser Herr zum Jordan kam".

Nur einer der beiden Geburtstage hat sich in die Tiefenstruktur unseres Jahreszyklus eingesenkt. Weihnachten ist – auch in der säkularen Welt – die wichtigste Unterbrechung des Kalenderjahres.

Doch warum verschwand der 24. Juni, das zweite, das sommerliche Geburtsfest? Sind zwei Geburtstage zu viel des Guten? Die Gründe liegen wohl tiefer. Beim Johannistag geht es weniger um eine Geburt, sondern um existenzielle Fragen auf der Höhe, auf dem Zenit des Lebens. Die sind unbequemer. Sie auszublenden könnte darauf hindeuten, dass das Christentum nicht erwachsen werden, als Geburts- und Weihnachtsreligion verharren will.

Der Johannistag stellt „erwachsene" Fragen. Der Täufer erkennt auf der Höhe seiner Zeit: „Er muss wachsen, ich aber muss abnehmen" (Joh 3,30). Interessant ist der Kontext des Verses. Denn hinter dem Statement steckt ein Konflikt, den in dieser Schärfe nur der Evangelist Johannes tradiert (Joh 3):

„Danach kam Jesus mit seinen Jüngern ins Land Judäa, blieb dort eine Weile mit ihnen und taufte. Aber auch Johannes taufte in Änon, nahe bei Salim, denn da war viel Wasser ... Da erhob sich ein Streit zwischen den Jüngern des Johannes und einem Juden über die Reinigung. Und sie kamen zu Johannes und sprachen: 'Rabbi, der bei dir war jenseits des Jordans, von dem du Zeugnis gegeben hast, der tauft, und alle kommen zu ihm.' Johannes antwortete: 'Ein Mensch kann nichts nehmen, wenn es ihm nicht vom Himmel gegeben ist. Ihr selbst seid meine Zeugen, dass ich gesagt habe: Ich bin nicht der Christus, sondern ich bin vor ihm her gesandt. Wer die Braut hat, der ist der Bräutigam; der Freund des Bräutigams aber, der dabeisteht und ihm zuhört, freut sich über die Stimme des Bräutigams. Diese meine Freude ist nun erfüllt. Er muss wachsen, ich aber muss abnehmen.'"

Nur im Johannesevangelium findet sich die Mitteilung, dass Jesus selber tauft und eine eigene Täufergemeinde um sich sammelt. Das irritiert. Und ärgert die Johannes-Jünger, zumal viele zu Jesus überlaufen.

Es folgt, was ich „Johannes-der-Täufer-Moment" nenne. Johannes geht – das ist überraschend – nicht in Opposition, sondern freut sich über den vermeintlichen Konkurrenten. Auf dem Gipfel seiner Macht – lässt er los. Und gibt ab. Er kann den anderen vorlassen, tritt selbst in die 2. Reihe.

Ein Blick auf seine Vita: Johannes hatte Erfolg. Anders als sein Vater Zacharias wurde er kein stiller Tempelpriester in der Hauptstadt, sondern baute sich außerhalb Jerusalems ein eigenes Machtzentrum auf. Er war das, was man Alphatier nennt. Als „Stimme eines Predigers in der Wüste", so seine Selbstauskunft, wurde er gehört. Die Menschen kamen massenhaft zu ihm an den Jordan, hörten sich die scharfzüngigen Reden und Kampfansagen des Propheten an und teilten seine Kritik. Sie folgten dem Rat des Exzentrikers, drückten die Reset-Taste, änderten ihr Leben und ließen sich als Zeichen für den Neustart taufen. Das alarmierte das Establishment. König Herodes fühlte sich bedroht, ließ den Täufer einsperren und später töten.

Was mich hier interessiert, ist das Moment der „Entwichtigung" und „Resignation" auf dem Zenit eigenen Wirkens und Einflusses. Johannes kann für sich eine positive Bilanz ziehen; er hat erreicht, was er bewirken wollte als Wegbereiter, und nimmt sich jetzt zurück. Er resigniert im besten Sinne des Wortes: Er zieht für sich eine neue Grenze. Er signiert, er unterschreibt ein neues Kapitel in seinem Leben, das nun beginnt. Mit einem anderen Wachstum. Mit dem des Christus. Sein eigenes Ich darf jetzt zurücktreten.

Doch was bedeutet das? Welche Botschaft kann es für uns haben?

Ich mache eine kleine Inszenierung, lade ein, sich mit mir in den alten Brauch einzuschwingen: Begeben wir uns an den Brandherd. Auf zum Tanz ums Johannisfeuer! Es darf gefeiert werden. Nehmen wir es als Feier des eigenen Lebens, ausgelassen, überbordend, ein Fest auf der Höhe der eigenen Schaffenskraft und Vitalität, mit mutigen Sprüngen über das Feuer.

Später kann man sich um die Glut setzen und – eingedenk des Johannes – fragen, durch welche Feuer, Krisen und Herausforderungen man bisher gegangen ist. Habe ich mir so als junger Mensch mein Leben, meine Karriere vorgestellt? Was habe ich erreicht? Was an Wünschen und Begabungen blieb auf der Strecke? Woran bin ich gewachsen, im Gelingen oder Scheitern? Worin verkümmert? Jetzt wäre ein guter Zeitpunkt. Man hätte noch Kraft, Mut und die Initiative, etwas zu ändern, die Weichen neu zu stellen.

Vielleicht würde ich das Gespräch eröffnen und strukturieren, indem ich an Erik Eriksons Buch „Identität und Lebenszyklus" erinnere. Ich habe mich im Studium mit ihm beschäftigt. Erikson wurde 1902 bei Frankfurt geboren, emigrierte während der Nazizeit in die USA und starb 1992 in Massachusetts. Sein Konzept menschlicher Persönlichkeitsentwicklung umfasst 8 Entwicklungsschritte, die nicht nur linear, sondern auch spiralförmig verlaufen.

Immer wieder bin ich mit der 1. Stufe und Frage konfrontiert: Kann ich mich verlassen – auf mich, auf dich, auf andere? Urvertrauen steht gegen Urmisstrauen – so hat Erikson das genannt. Dorothee Sölle hat dazu gesagt: Glaube sei verlängertes Urvertrauen. Wie also steht es um mein Vertrauen, um meinen Glauben jenseits der Lebensmitte? Trägt mich das heute noch? Schwindet solches Gottvertrauen? Oder kann es sogar wachsen, wenn eigene Kräfte abnehmen?

Autonomie gegen Scham und Zweifel heißt die 2. Stufe beim Psychoanalytiker Erikson – und lässt mich fragen: Konnte ich aus dem Schatten von Beschämung und Selbstzweifel heraustreten? Kann ich anderen die Stirn bieten? Oder muss ich noch etwas investieren?

Es folgen Fragen nach meiner Initiative, nach meinem Tun und erworbenen Können, nach meiner ureigenen Identität und Fähigkeit zur Intimität.

Hier ist nicht der Ort, all diese Stufen möglicher, ja: nötiger Entwicklung zu referieren. Doch die beiden letzten kommen für mich dem sehr nahe, was ich wegweisend finde für die Zeit jenseits meines eigenen Zenits:

Erikson nennt die 7. Stufe *Generativität versus Stagnation*. Wer stagniert, sitzt fest und umklammert sein Ego – als gäbe es nichts anderes. Generativität bezeichnet die Richtung, wo ich für die nächsten Generationen, meine Kinder oder Enkel da bin und etwas weitergeben kann an die Mitwelt, ans Gemeinwesen. Für mich reimt sich Generativität auf Generosität. Kann ich abgeben – von meinem Vermögen – im mehrfachen Sinne des Wortes? Mich *entwichtigen* und so leichter und heiterer werden?

Dann gibt es bei Erikson noch die 8. Stufe psychosozialer Entwicklung: *Integrität versus Verzweiflung oder Lebensekel*. Wir leben in einer Kultur, in der das Alter weichgezeichnet wird. „Senioren" nennt man uns jenseits des Berufslebens. Wir werden umworben als Best- oder Silver-Ager. Man animiert uns zur Fitness, lockt uns auf Kreuzfahrtschiffe; wir sollen die Welt cruisen auf schwimmenden Seniorenresidenzen. Doch selbst dort kann man sich nicht selbst entrinnen: Verzweiflung, manchmal Verdüsterung, Lebensüberdruss oder gar Lebensekel lauern unter der heiteren, von Show business bunt übermalten Oberfläche. Wo bleiben da Konzepte, die – in nüchterner Erkenntnis, dass Altwerden kein Honeymoon ist – tragen und so etwas wie Integrität fördern? Kann Johannes helfen?

Es ist still geworden ums Johannisfeuer, wahrscheinlich war den Freunden mein Vortrag zu lang. Da meldet sich jemand zu Wort. Es gäbe doch Heilmittel, die auf den Täufer zurückgingen. Das leuchtend gelbe Johanniskraut sei nach ihm benannt. Die perforierten Blätter erinnerten an das angeblich durchlöcherte Gewand des Täufers. Doch entscheidend sei die Heilkraft der Pflanze. Johanniskrautöl sei nicht nur ein altes Hausmittel bei Hautverletzungen. Es fördere die Lichtdurchlässigkeit der Haut. Und der Seele! Es werde als Antidepressivum empfohlen. Das sei doch ein befreiender Gedanke: Johannes liefere ein Mittel gegen die Verfinsterung der Seele. Statt sich ans Alte zu klammern, es zu verteidigen und zu verlängern, dürfe und könne man durchlässiger werden. Durch die Löcher und Risse im Altersgewand falle auch Licht. Wäre es nicht wunderbar, wenn es uns gelänge, im Alter gelöster und lichter zu werden? Statt zu verhärten und zu verbittern.

Da wirft einer ein, vielleicht müssten wir uns jenseits der Lebensmitte mehr um die eigene Seele sorgen. Der große Psychoanalytiker C. G. Jung habe gesagt, die religiöse Frage stelle sich erst in der zweiten Lebenshälfte. Wenn man seelisch gesund bleiben wolle, müsse man unbedingt darauf hören. Ob das zu dem passe, was Erikson mit „Integrität" meine? In einer seiner Schriften beschreibe Jung diesen Vorgang als „Awakening". Da stehe: „Es ist, wie wenn auf dem Höhepunkt der Krankheit das Zerstörende sich in das Heilende umkehrte. Dies geschieht dadurch, dass die sogenannten Archetypen zu selbständigem Leben erwachen und die Führung der seelischen Persönlichkeit übernehmen anstelle des untauglichen Ich und seines ohnmächtigen Wollens und Strebens. Der religiöse Mensch würde sagen: Gott hat die Führung übernommen." (Gesammelte Werke, Bd. 11, S. 373f.)

Eigentätigkeit der Seele oder die seelische Autonomie, das gefalle ihr, sagt unsere Literaturfreundin, die bisher schweigend ins Feuer geschaut hat. Sie müsse an ein Interview mit dem Schriftsteller Ralf Rothmann denken. Der habe gesagt (SPIEGEL 18/2018): „Wer so etwas braucht wie einen Ort, eine Heimat, eine Nation, der ist gar nicht richtig auf der Welt. Es gibt andere Wurzeln. Die liegen eher in der Luft. Ich glaube, dass die geistige, metaphysische Verwurzelung die eigentlich wichtige ist. Irgendwann wird jeder einmal von irgendwo vertrieben werden. Wehe dem, der dann keinen Ort über dem Ort hat." Der „Ort über dem Ort" erinnere sie an biblische Bilder von der „zukünftigen Stadt, die wir noch suchen".

Wir fragen uns: Meint Johannes das, als er sagt, Christus – gleichsam als „Ort über dem Ort" – müsse wachsen, während das eigene Ego langsam verschwinden kann?

Das sei ihm zu spekulativ, meldet sich unser Schweiger, den manche einen alten Freudianer nennen: Er halte es mit Sigmund Freud. Für den hieße Integrität, dass man seinen Frieden gemacht habe mit den Instanzen, die manchen ein Leben lang ritten oder quälten – die dunklen Triebe einerseits, zum anderen die übermächtigen Autoritäten, die man verinnerlicht habe und die einem immer wieder dazwischenfunkten. Integrität habe, wer das Über-Ich entthront und das Es gebändigt habe. Aus ES sei ICH geworden.

Da ginge der Täufer aber einen Schritt weiter als der Psychoanalytiker Freud, werfe ich ein. Der sage doch: Wo ICH war, soll CHRISTUS werden, also etwas Größeres als mein EGO.

Einem anderen fällt ein Weihnachtsgottesdienst ein, in dem Angelus Silesius, ein christlicher Mystiker, zitiert wurde: „Wäre Christus tausendmal in Bethlehem geboren und nicht in dir, du wärst auf ewig noch verloren." Sei es nicht das, wozu uns die Johannisnacht einlade: nachzudenken, wieweit diese Geburt gediehen ist, wieweit wir diesen Christus ausgetragen und zur Welt gebracht haben?

Nun seufzt eine, das Alter habe für sie eher etwas Ernüchterndes. Sie müsse an Kurt Marti denken, den Schweizer Pfarrer und Dichter. In seinem letzten Bändchen mit „Spätsätzen" und dem Titel „Heilige Vergänglichkeit" habe er formuliert: „Vergeistigung im Alter? Nicht doch. Die Beschäftigung mit dem Körper, vor allem mit seinen Defiziten, nimmt unliebsam überhand … Schrauben lockern sich. Auch der Geist wird wacklig." (S. 16f.)

„Trotzdem, Leute, es ist Mitsommernacht", wendet sich nun unsere Naturwissenschaftlerin an die Runde, „da darf man doch mal träumen, bevor die

Glut ganz verloschen ist." Der französische Paläontologe und Philosoph Pierre Teilhard de Chardin habe eine faszinierende Theorie entwickelt. Für ihn münde die Evolution in einen Punkt Omega. Neben der Biosphäre, unserem kreatürlichen Hervorgehen aus der Natur und dem Teilhaben an allem Vergänglichen, bilde sich im kosmischen Prozess eine Noosphäre. Das heiße, die Materie erwache, und aus ihr erwachse ein Geist, der die Führung übernehme. Dieser Geist habe für Teilhard seinen Anziehungspunkt im Bild des kosmischen Christus.

Das Johannisfest geht zu Ende, erste Sterne funkeln am Himmel. Da beginnt jemand, ein Lied von Paul Gerhardt zu summen. Dann stimmen alle ein: „Geh aus, mein Herz, und suche Freud in dieser lieben Sommerzeit."

Bei den folgenden Strophen wird der Gesang dünner, doch alle lauschen aufmerksam in die Nacht, als die beiden letzten Verse erklingen:

> „Mach in mir deinem Geiste Raum,
> dass ich dir werd ein guter Baum,
> und lass mich Wurzel treiben.
> Verleihe, dass zu deinem Ruhm
> ich deines Gartens schöne Blum
> und Pflanze möge bleiben.
>
> Erwähle mich zum Paradeis
> und lass mich bis zur letzten Reis
> an Leib und Seele grünen,
> so will ich dir und deiner Ehr
> allein und sonsten keinem mehr
> hier und dort ewig dienen."

7. TÜREN AUF UND HINAUS INS FREIE
Mit den Beatles begann eine neue Epoche

(Erst auf NDR KULTUR, hier die Fassung von C&W vom 20.8.2020)

I. Türen auf – und hinaus ins Freie! Das hätte ein Motto der Beatles sein können. Von 1960 bis 1970 veränderten sie mit ihrer Musik die Welt. Die vier Pilzköpfe aus Liverpool berühren noch heute Herzen rund um den Globus. Die britische Beat- und Rockband ist die erfolgreichste der Musikgeschichte. Türen auf und hinaus ins Freie! Es war ein geradezu pfingstlicher Sturm, der durch die 60er-Jahre wehte, die Leute auf die Straßen trieb und die Verhältnisse buchstäblich zum Tanzen brachte.

Im letzten großen Interview, das John Lennon kurz vor seiner Ermordung vor 40 Jahren gibt, antwortet er auf die Frage, was die Beatles damals bewegt habe: „Welcher Wind auch immer damals blies, er hat auch die Beatles bewegt. Ich behaupte nicht, dass wir die Fahnen oben auf dem Schiff waren. Aber das ganze Boot war in Bewegung."

Und Yoko Ono ergänzt etwas, das mich an die Pfingstgeschichte erinnert: „Ich bin sicher, dass es Leute gibt, deren Leben davon beeinflusst wurde, dass sie indische Musik oder Mozart oder Bach gehört haben. Aber bei den Beatles spielten mehr als alles andere die Zeit und der Ort eine Rolle. Irgendwas ist da passiert ... Es war, als hätten sich mehrere Menschen um einen Tisch versammelt und ihnen wäre ein Geist erschienen. So eine Art von Kommunikation war das ... Es war mehr als nur die vier. Sie hatten irgendwas am Laufen ... So was kann man nicht erzwingen. Es waren die Menschen, die Zeit, ihre Jugend und Begeisterung. Sie waren wie Medien. Sie waren sich nicht über alles bewusst, was sie sagten, aber es kam durch sie zum Ausdruck."

Und was kam zum Ausdruck? „All you need is love!" Diese Botschaft ging im Juni 1967 live um den Globus zu einer halben Milliarde Menschen. „Our World" hieß diese erste von der BBC weltweit ausgestrahlte Sendung. Die Beatles sangen: „Es gibt nichts, was du tun kannst, was nicht auch getan werden könnte. Es gibt nichts, was du nicht lernen könntest, um zum richtigen Zeitpunkt zur Stelle zu sein. Es ist leicht. Alles, was du brauchst, ist Liebe." Klingt fast wie bei Paulus: Ohne die Liebe wäre alles nichts.

II. Alles begann 1957 beim Gartenfest einer Liverpooler Kirchenge-meinde. Da begegneten sich John Lennon und Paul McCartney das erste Mal. Dann der 17. August 1960, ziemlich genau vor 60 Jahren: Das erste Konzert in Hamburg-St. Pauli unter dem Namen *The Beatles*.

10 Jahre später hatte sich die erfolgreichste Rockband aller Zeiten schon wie-der aufgelöst. Was war geschehen? Offenbar stießen die Beatles Türen zu völlig neuen Welten auf, wie sonst wäre die unglaubliche Resonanz erklärbar.

Eine Spur führt zu Friedrich Nietzsche, der stets die lebensbejahende Be-deutung von Musik, Tanz und Gelächter betont hat. Genau dies Ekstatische, aus der Reihe Tanzende verkörpern die Beatles. Sie rütteln an geläufigen Denk- und Wahrnehmungsmustern, bringen erstarrte Verhältnisse in Be-wegung, denen sie eine neue Melodie vorspielen, mit Witz und Fantasie.

Mit bizarren, surrealistischen Einfällen nehmen sie uns mit auf eine „Magi-cal Mystery Tour", so der Titel eines Albums. Sie führen einen auf „Strawberry Fields", Erdbeerfelder, doch „nothing is real". Dionysos, der Gott des Weins im antiken Griechenland, lässt grüßen. Bei Nietzsche steht das Dionysische für eine Dimension, die Philosophie und Religion oft ausklammern: Rausch und Kreativität, Leidenschaft und Sex. Kategorisch lässt er seinen Zarathustra erklären: „Ich würde nur an einen Gott glauben, der zu tanzen verstünde."

Einen tanzenden Gott findet man in Indien. Dorthin gingen die Beatles. Sie besuchten Meditationskurse bei Maharishi Mahesh Yogi. Eine kurze Epi-sode, denn schnell wandten sie sich ernüchtert ab von allen Gurus. Und fanden zu einer eigenen religiösen Sprache, besonders in der Nach-Beatles-Zeit. George Harrison sang sein „My Sweet Lord", John Lennon „Imagine", beides Hymnen, die bis heute bewegen, zu denen man tanzen kann.

Bleibt für mich die Frage, wo in Kirchen ein Gott zum Tanz einlädt.

Jesus wurde als Fresser und Weinsäufer kritisiert. Er konterte: „Wir haben euch aufgespielt, doch ihr wolltet nicht tanzen" (Mt 11,17). Immerhin gibt es ein Lied, das in den Kirchen hin und wieder gesungen wird: „Lord of the Dance". Jesus als Gott des Tanzes. In meiner ehemaligen Kirche in Hamburgs City gibt es ein altes Gemälde mit einer bizarr anmutenden Szene: Der Auf-erstandene tanzt auf einer Grabplatte. Wer diesen Tanz aufnimmt, wird auch Teil einer „Magical Mystery Tour". Doch das ist eine neue Geschichte ...

III. Das Lied ist 50 Jahre alt – und läuft immer noch über die Radiosender: „The Long and Winding Road". – „Die lange, gewundene Straße, die mich zu deiner Tür führt, wird nie verschwinden. Ich kenne die Straße schon, sie führt immer hierher, führt mich zu deiner Tür." Das klingt wie ein Psalm, wie ein Gebet. Von einer stürmischen Nacht wird erzählt, die einen See an Tränen zurückließ und in die Bitte mündet: „Führe mich zu deiner Tür."

„The Long and Winding Road" findet sich auf dem letzten Album der Beatles von 1970. Ihre Klänge und Arrangements waren wie frischer Wind. Mit Geist und Witz rüttelten sie an den verkrusteten Strukturen der späten 60er-Jahre. Richard Nixon wollte sie bei einer Tournee ausweisen aus den USA, der Ku-Klux-Klan bedrohte sie und fundamentalistische protestantische Kirchen im amerikanischen Bible Belt verbrannten ihre Schallplatten, weil John Lennon in einem Interview ironisch bemerkt hatte, die Beatles seien populärer als Jesus.

Dabei waren sie auch auf seiner Spur. Ich jedenfalls habe sie so verstanden. Das Titellied ihres letzten Albums war bei meinen Konfirmanden beliebt und fand Eingang in manchen Gottesdienst: „Let It Be".

Es ist erst ein paar Monate her, da meldete sich Alexander bei mir, ein ehemaliger Konfirmand vom Anfang der 90er-Jahre. Wir trafen uns, und er erzählte, er habe die Glaubenslektion in englischer Sprache nicht vergessen:

Let it be – das heißt nicht: Vergiss es, lass es sein, sondern im Gegenteil: Gib nicht auf, lass es jetzt einfach geschehen. Deine Tränen, deine Traurigkeit – lass sie zu, eine Antwort wird sich finden. „There will be an answer, let it be."

Und woher kommen dieser Trost, diese Gewissheit? Von Maria. So hieß Paul McCartneys früh verstorbene Mutter, so hieß aber auch die Mutter Jesu. Die Liverpooler Jungs aus dem katholisch geprägten Milieu hatten sie im Blick. „When I find myself in times of trouble, Mother Mary comes to me, speaking words of wisdom: Let it be."

Es läuft nicht immer alles so, wie ich es will. Dann braucht es diese Zuversicht, die auch Jesus fand, wenn er betete: „Dein Wille geschehe." Let it be. Im Vertrauen darauf, dass die „Long and Winding Road", die quälende Wegstrecke, mich zu deiner Tür führt.

IV. Vor 50 Jahren trennten sich die Beatles. Grund genug, noch einmal in ihre Lieder zu horchen. Die können todtraurige Geschichten mit wenigen Strichen herzerwärmend erzählen. Da ist zum Beispiel Eleanor Rigby, die bei einer Hochzeit vom Reis, der vor der Kirche geworfen wird, etwas mitnimmt. Dann wartet sie am Fenster, ist wie eingefroren. All die einsamen Menschen, wo kommen sie her? Und da ist Father McKenzie, „writing the words of a sermon that no one will hear", der Pfarrer, der die Predigt schreibt, die keiner hören wird. „All the lonely people, where do they all come from?" Dann stirbt Eleanor Rigby, in der Kirche, sie wird beerdigt. Keiner kommt. Father McKenzie wischt den Schmutz von der Hand, als er sich vom Grab wendet. Keiner wurde gerettet. All the lonely people.

Das wird so mitfühlend erzählt und gesungen, dass in all dem Traurigen fast wieder Tröstliches liegt. Weil ungeschminkt gesagt wird, was ist. Und dann deutet sich ein Weg aus der Einsamkeit an: indem man das mitsingt. Und so in eine neue Schwingung kommt. Erstarrtes kommt ins Fließen.

Da ist auch das andere Lied: „Hey Jude, don't make it bad, take a sad song and make it better." Paul komponierte es für Johns 5jährigen Sohn Julian nach Lennons Trennung von seiner ersten Frau Cynthia. „Hey Jude, mach's nicht schlecht, komm nicht unter die Räder, nimm ein trauriges Lied und mach's besser ... Wenn du den Schmerz fühlst, dann pass auf, lad dir nicht die ganze Welt auf die Schultern ... Du wartest auf jemanden, der es macht, und weißt nicht, dass du selber es bist?" Dann setzt auf der über 8 Minuten langen Aufnahme ein ganzer Chor ein, als ob da ganz viele sind, die dem traurigen Jungen den Rücken stärken.

Die Beatles finden in manchen ihrer Lieder einen geradezu seelsorgerlichen Ton. Ihr Erfolg liegt auch darin, dass sie mit ihren Liedern emotional abholen – und herauslocken. Auch in traurigen Momenten schläft ein Lied. Wer den Ton trifft, kann Blockaden lösen.

V. Es ist eine tragische, schicksalhafte Geschichte. Im Spätsommer vor 40 Jahren begann ein mehrwöchiges Interview mit dem 40jährigen John Lennon und seiner Frau, der japanischen Künstlerin Yoko Ono. 10 Jahre nach dem Ende der Beatles war Lennon aus dem Rampenlicht abgetaucht, kümmerte sich fast ausschließlich um den gemeinsamen Sohn. Was eine Zwischenbilanz sein sollte, wurde zur letzten ausführlichen Selbstmitteilung des Künstlers. Denn 2 Tage nach der Publikation des Interviews starb Lennon vor seiner Haustür durch die Kugel eines ehemaligen Fans.

Einmal sagt er in dem Interview: „Mahatma Gandhi und Martin Luther King sind gute Beispiele für großartige Verfechter der Gewaltfreiheit, die durch Gewalt umkamen. Ich krieg das nicht auf die Reihe. Wir sind Pazifisten, aber ich weiß nicht recht, was es bedeuten soll, wenn einer so sehr Pazifist ist, dass er erschossen wird. Das werde ich wohl nie begreifen."

Schon früher musste Lennon um sein Leben fürchten. Der Ku-Klux-Klan hatte ihn im Visier, ebenso das FBI wegen seiner Kritik an der Politik der USA.

Dann war er eine Zielscheibe des Hasses für verbohrte Christen. Dabei war John Lennon mit seinem pazifistischen Engagement durchaus in der Spur des Gekreuzigten. Die Zeit der Flitterwochen inszenierten John und Yoko als „Bed-in", weil die Presse ihnen ohnehin auf den Fersen war. Sie saßen in einem Hotelbett, sprachen mit den Reportern und nutzten die weltweite Aufmerksamkeit als wochenlangen Werbespot für den Frieden.

Aus dieser Zeit stammt das Lied „The Ballad of John and Yoko". Der Refrain der Ballade geht so: „Christ, you know it ain't easy." – „Christus, du weißt, dass es nicht leicht ist, du weißt, wie hart es werden kann. Wie sich die Dinge entwickeln, werden sie mich kreuzigen."

Zuvor war ihr Song „Give Peace a Chance" um die Welt gegangen. Im Dezember 1969, auf dem Höhepunkt des Vietnamkriegs, inszenierten sie eine Plakat- und Posterkampagne, klein unterzeichnet mit „Happy Christmas from John & Yoko". Fett springt einem die Botschaft entgegen: „WAR IS OVER." Kleiner darunter die Zeile, die aufhorchen lässt: „If you want it."

Das ist die einfache und traurige Wahrheit bis heute.

VI. Ich erinnere mich an eine Aktion im September 2015, ein paar Monate vor Beginn meines Ruhestands. Hamburgs Radiowelt bezog Stellung. Am selben Samstag um Punkt 12 Uhr unterbrachen alle Radiosender ihr Programm und verlasen zeitgleich einen gemeinsamen Text gegen Hetze, Hass und Gewalt sowie für ein demokratisches, tolerantes und vielfältiges Miteinander in Hamburg.

Danach wurde Lennons Song „Imagine" gespielt – weltweit die Hymne des Friedens und der Menschlichkeit. Die Idee bei der Initiative war: Alle Menschen in der Stadt schalten das Radio ein, drehen auf laut, öffnen Türen und Fenster und bekennen sich mit John Lennon zu den Werten der Hansestadt.

Ich erinnere mich an dieses Projekt, weil wir als Kirche gefragt wurden, ob wir mitmachen wollten. Ein Kollege formulierte Bedenken. In „Imagine" heiße es ja auch: „Imagine there's no heaven ... and no religion too." Die Vision einer Welt ohne Religion könnten wir nicht unterstützen.

Stehen Religionen der weltweiten Verständigung im Weg, sodass Lennon sie in seiner Friedenshymne von 1971 verbannen will? Eine Welt ohne Religion, will ich das?

Interessant ist, wie Lennon vor 40 Jahren in dem langen letzten Interview kurz vor seiner Ermordung dazu Stellung nimmt. Auf die Frage, was ihn zu diesem Song inspiriert habe, sagt er: „Jemand gab uns eine Art kleines Gebetbuch. Es ist im christlichen Idiom gehalten ... Es geht dabei um den Gedanken des positiven Gebets. Wenn du ein Auto willst, besorgst du dir einen Schlüssel. Verstehst du? *Imagine* handelt davon. Wenn du dir eine Welt in Frieden vorstellen kannst, ohne Religionsbekenntnisse – nicht ohne Religion, aber ohne die *Mein Gott ist größer als deiner*-Geschichte, dann kann es wahr werden."

Dann fügt Lennon hinzu: „Einmal rief mich jemand von der *World Church* an und fragte, ob sie den Text von *Imagine* verwenden und in *Imagine one religion* verändern dürften. Das zeigte mir, sie hatten nicht das Geringste verstanden."

Ist das nicht der Geist der Bergpredigt, in dem Lennon hier spricht?

„Selig sind, die Frieden stiften.
Selig sind, die hungern und dürsten nach Gerechtigkeit."

Dem stimmte auch Mahatma Gandhi zu. Um aus diesem Geist der Seligpreisungen zu leben, braucht es keine verfasste Religion, sondern ein waches, mitfühlendes Herz.

8. „THE TIMES THEY ARE A CHANGIN"
Bob Dylan, Poet und Nobelpreisträger

(NDR KULTUR vom 6.-11.2.2017)

I. Gestern war der letzte Sonntag nach Epiphanias. Für Christen ist jetzt der Weihnachtsfestkreis zu Ende. Epiphanias bedeutet „Erscheinung". Die Epiphanias-Zeit will das Gespür für „Epiphanien im Alltag" stärken. Aufmerksam machen auf das, was noch nicht erschienen, aber im Gange ist. Und Gegenkräfte mobilisieren gegen das, was allzu offensichtlich ist. Manche Worte kündigen Kommendes an. Worte wirken, besonders wenn sie das Herz erreichen. Wenn man sie in poetischen Bildern nachvollziehen kann – und wenn sie sich als Lieder verbreiten. Es gibt Lieder, die eine Welt beschwören, die noch nicht da ist.

So ein Epiphanias-Lied ist das Adventslied „Es kommt ein Schiff geladen". Darin heißt es: „Es kommt ein Schiff geladen bis an sein höchsten Bord, trägt Gottes Sohn voll Gnaden, des Vaters ewig Wort." Mit dem Schiff ist die hochschwangere Maria gemeint. Das Lied entstand im Dreißigjährigen Krieg. Not und Tod vor Augen, verkündet es eine Geburt, die alles ändert.

Das Schiff, das eine Wende bringt, ist als Motiv lebendig geblieben, auch außerhalb der Kirchen. Bert Brecht verwendet es in der Dreigroschenoper. Die Seeräuber-Jenny singt von dem Schiff, dessen Besatzung sie retten und ihre Peiniger bestrafen würde.

Bob Dylan knüpft an Brechts Bild an, das war 1963 beim Marsch auf Washington, dem Meilenstein der amerikanischen Bürgerrechtsbewegung. Da tritt der gerade 22jährige, noch kaum bekannte Dylan mit seiner Gitarre ans Rednerpult. Gemeinsam mit Joan Baez singt er vor einer Viertelmillion Menschen von der bevorstehenden Veränderung: „When The Ship Comes In". Er ändert Brechts Text, stellt das Lied in die Tradition des Auszugs aus der Sklaverei. Das Wasser teilt sich: „Oh the seas will split and the ship will hit and the sands on the shoreline will be shaking." Dann brechen Fische, Möwen und Felsen in Freude aus beim Erscheinen des befreienden Gottes: „Oh the fishes will laugh as they swim out of the path and the seagulls they'll be smiling and the rocks on the sand will proudly stand the hour that the ship comes in."

Dylan beendet sein Lied mit einer gefährlichen, noch immer wirkmächtigen Erinnerung: Pharaohs Truppen ertrinken in den Fluten und Goliath wird besiegt. Der Träger des Literaturnobelpreises hat ein Gespür für Epiphanien, für eine Welt, in der sich Neues anbahnt. Seine Lieder erwecken Worte zum Leben und bringen erstarrte Verhältnisse zum Tanzen.

II. Der 9. Dezember 2016 ging für mich als besonderer Tag in die Geschichte ein: Bob Dylan bekam den Literaturnobelpreis.

Doch, wie angekündigt, er erschien nicht. Stattdessen brachte Patti Smith einen Song des Preisträgers zu Gehör: „A hard rain's gonna fall" – „Ein schwerer Regen wird fallen". Warum dieses Lied? Dylan hat es 1962 geschrieben, auf dem Höhepunkt der Kubakrise. Die Welt stand kurz davor, atomar vernichtet zu werden.

Jetzt erklang diese Dichtung im Festsaal der gekrönten Häupter vor der Weltöffentlichkeit. Diese wusste, dass gleichzeitig Aleppo unter mörderischem Bombenhagel der russischen Armee in Schutt und Asche versank.

Die Stimme der 69jährigen Patti Smith machte „A hard rain's gonna fall" zur herzzerreißenden Anklage – zu einem Choral, einem Kirchenlied, einem großen Gesang. Mir kamen Tränen, als ich es mir später auf YouTube ansah. Und ich verstand, warum Patti Smith, die das Lied genau kennt und schon mit Bob Dylan aufgetreten ist, in der 2. Strophe stockte. Sie brach ab, entschuldigte sich. Sie sei so nervös. Ich glaube, es war eher der über 50 Jahre alte Text des Liedes, der so schreiend aktuell ist, dass es ihr plötzlich die Stimme verschlug. Es war ein Epiphanias-Moment. Es war, als würde ein Vorhang zerrissen. Plötzlich waren die Bilder des Krieges in Syrien mitten in dieser ehrwürdigen Zeremonie. Die weißhaarige Patti Smith verwandelte sich für mich in eine wehklagende Mutter, die ein biblisches Klagelied singt:

„Oh, what did you see, my blue-eyed son?" Was hast du gesehen, mein blauäugiger Sohn? „Oh, what did you see, my darling young one?" Was hast du gesehen, mein lieber Kleiner? „I saw a newborn baby with wild wolves all around it." Ich sah ein Neugeborenes, umgeben von wilden Wölfen. „I saw a highway of diamonds with no-body on it." Sah eine Straße aus Diamanten, auf der niemand war. „I saw a black branch with blood that kept dripping." Sah einen schwarzen Ast, der von Blut troff.

Patti Smith blieb hängen an der Zeile über den Zweig, von dem das Blut tropfte. Danach setzte sie neu an und fuhr fort mit dem Lied. Immer besser, immer fester wurde ihre Stimme, als sie Dylans apokalyptische Bilder hinaustrug in die Welt. Mir war, als weinte Gott über seine Menschenkinder. In der *Süddeutschen Zeitung* vom 12.12.2016 las ich über diesen 9. Dezember, dass sich „im Konzerthuset in Stockholm eine Sternstunde ereignete, von der die Menschheit, soweit sie ein fühlend Herz besitzt, noch lange leben wird".

III. Seine Songs begehrten gegen alte Gewissheiten auf – sie wurden zu Hymnen. „The Times They Are A Changin." Die Zeiten ändern sich begleitete die amerikanische Bürgerrechtsbewegung. Gebt zu, singt Bob Dylan, dass um euch die Wasser gestiegen sind. Und weiter: „You better start swimming or you sink like a stone, for the times they are changing." Beginnt lieber zu schwimmen, oder ihr werdet versinken wie ein Stein, denn die Zeiten ändern sich. Seitdem erklingt das Lied immer wieder, fordert Machthaber heraus, die an ungerechten Strukturen festhalten wollen. Mit geradezu biblischem Furor singt Dylan: „For the Loser now will be later to win" – der jetzige Verlierer wird später gewinnen.

Vor paar Monaten bekam Dylan den Literaturnobelpreis. Die Stockholmer Jury befand, sein Werk habe ihm den „Status einer Ikone" verschafft. Doch das wollte er nie sein. Vielleicht erschien er deshalb nicht zur Preisverleihung.

Wer ist dieser Mann, der einst Robert Allen Zimmermann hieß? Er wurde 1941 im Norden der USA – in Duluth, Minnesota – als Nachfahre verfolgter, aus Odessa eingewanderter Juden geboren. Zeitlebens wird er zum Ausbrecher und Aufbrecher: Gleich nach der Schule verlässt er die Geburtsstadt, bricht das Studium ab, legt seinen bürgerlichen Namen ab, schlägt sich mit ein paar Dollar in der Tasche nach New York durch, lebt unter politischen Aktivisten und Künstlern, entdeckt Woody Guthrie sowie Bert Brecht. Seitdem ist er als Singer-Songwriter unterwegs. Ein halbes Jahrhundert schon kommentiert er die laufenden Ereignisse, oft mit versteckten und abgründigen Anspielungen, indem er alte Texte in die Gegenwart hineinspielt. Er verlässt eingefahrene Spuren, bricht Genres und Erwartungen auf.

Von der Akustik- zur E-Gitarre, das war ein Bruch, den ihm manche Fans nicht verziehen. Andere wandten sich entsetzt ab, als er zum Christentum konvertierte und sich taufen ließ.

Sobald man ihn vereinnahmen will, wendet er sich ab. Schon 1965 formulierte er in „Subterranean Homesick Blues" ein Leitmotiv: „Don't follow leaders, watch the parkin' meters." Folge keinen Führern, achte lieber auf die Parkuhren. Dylan nimmt das 1. und 2. Gebot ernst: Unterwirf dich nicht fremden Autoritäten. Und leg niemanden auf ein Bild fest. Immer wenn das jemand tut, zerbricht es Dylan: „It Ain't Me, Babe." Es irritiert, aber es befreit auch, wenn sich jemand weigert, Guru zu sein.

IV.

Sie sollen ihr Gesicht zeigen! Auf diese Epiphanie wartet die Welt noch: dass die „Masters of War", die Kriegsherren, die Waffenverkäufer, sich nicht länger verstecken: „Come you masters of war ... You that hide behind desks, I just want you to know I can see through your masks." Kommt, ihr Meister des Krieges ... Die ihr euch versteckt hinter Schreibtischen. Ich will nur, dass ihr wisst, ich kann durch eure Masken sehen.

Bob Dylan protestiert mit diesem über 60 Jahre alten Lied gegen den „militärisch-industriellen Komplex", wie er später in einem Interview sagte. Er sang es zuletzt auf großer Bühne beim Coachella-Festival in Kalifornien. Zu dem Zeitpunkt, als die Jury in Stockholm ihm den Nobelpreis für Literatur zuerkannte. Eine besondere Pointe wäre, wenn es stimmt, dass Alfred Nobel die nach ihm benannten berühmten Preise aus schlechtem Gewissen stiftete. Er verdiente an seinen Erfindungen und gehörte als Rüstungsunternehmer zu den „Masters Of War". Wie dem auch sei, Dylan kam nicht zur Preisverleihung. Doch sein Lied wirkt weiter. Andere Musikgruppen haben „Masters Of War" populär gemacht. Im Internet kursieren verschiedene Versionen, unterlegt mit Kriegsbildern und Gesichtern von Kriegsgewinnlern.

Das Thema ist brandaktuell. Wer sind die Menschen, die sich mit Waffengeschäften eine goldene Nase verdienen? Das sollte man sich auch in Deutschland fragen – schließlich ist es einer der größten Waffenexporteure der Welt und macht mit Unrechtsstaaten Geschäfte. Dylans Anklage ist christlich grundiert. Er vergleicht die Händler des Todes mit Judas, der für Geld einen Unschuldigen ans Messer liefert. „Like Judas of old, You lie and deceive." Wie einst Judas log, täuscht ihr. (Dass er dem biblischen Judas damit nicht gerecht wird, ist eine andere Geschichte ...)

Bei Dylan heißt es: „Ihr versteckt euch in euren Villen, während das Blut junger Leute aus ihren Leibern fließt und im Dreck versickert."

Dann will er wissen: „Let me ask you one question: Is your money that good?" – Ist euer Geld so viel wert? „Will it buy you forgiveness" – dass es euch Vergebung erkaufen wird. Die Strophe hört auf: „All the money you made will never buy back your soul." Alles Geld, das ihr verdient habt, wird eure Seelen nicht zurückkaufen.

Es kommt öfter vor, dass Dylan Jesus ins Spiel bringt: „Was hülfe es dem Menschen, wenn er die ganze Welt gewinnt und nähme doch Schaden an seiner Seele?"

V. Im November 1978 hatte Bob Dylan eine besondere Epiphanie. Es war im kalifornischen San Diego. Ein Fan warf statt Blumen ein kleines Silberkreuz auf die Bühne. Der erschöpfte Dylan steckte es ein.

Kurz darauf geschieht es in einem Hotelzimmer in Tucson, Arizona. Er wird von der physischen Gegenwart des Gekreuzigten überrascht und beschreibt es so: „There was a presence in the room ... It was a physical thing."

Bob Dylan bekehrt sich zum Christentum. „The Picasso of Song", wie der amerikanische Künstler, Dichter und Liedermacher auch genannt wird, lässt sich taufen und schließt sich der kalifornischen Vineyard Fellowship an. In dieser protestantischen, evangelikal geprägten, aber für die Gegenkultur aufgeschlossenen Freikirche durchläuft er einen intensiven dreimonatigen Bibelkurs. Viele seiner Fans, aber auch sein privates jüdisches Umfeld, sind entsetzt. Doch Dylan konfrontiert gern. Nicht im frommen „Bible Belt", sondern im liberalen San Francisco provoziert er bei Konzerten. Er unterbricht seine frommen Lieder mit langen Predigten. Er wird ausgepfiffen.

Dabei waren schon seine frühesten Lieder biblisch unterfüttert. Die Veränderung kündigte sich an, sie kam nicht von ungefähr. „Changing Of The Guards" – Wachablösung – hieß ein Lied, das er vor seiner Bekehrung sang.

Auf dem kurz danach erschienenen Album „Slow Train Coming" lässt Dylan keinen Zweifel daran, dass man sich entscheiden muss: „Gotta Serve Somebody" – Irgendwem musst du dienen, dem Teufel oder Gott. Im Song „I Believe In You" formuliert er sein Glaubensbekenntnis sehr persönlich: „They show me the door. They say don't come back no more." Man weist ihn also aus der Tür. Doch das erschüttert sein neues Credo nicht:

„Ich geh allein hinaus, tausend Meilen von zu Haus. Aber ich fühl mich nicht allein. Denn ich glaube an dich!" – „Cause I believe in you!"

Dylan wurde „Messias der Rock-Generation" genannt. Doch das wollte er nicht sein. Er ist und bleibt ein Einzelgänger. Auch seine Freikirche konnte nicht auf ihn bauen. Doch er wandte sich nicht vom Christentum ab, redete nur nicht mehr explizit darüber. Mit einer Ausnahme: 2009 veröffentlichte Dylan zu Weihnachten „Christmas In The Heart". Der Erlös ging an Obdachlose. Auf dem Album wiederbelebt er seinen christlichen Glauben mit neuen musikalischen Arrangements und bekennt: „The songs are my prayer book."

VI.

Wenn es das kollektive Unbewusste gibt, dann kann Bob Dylan es anzapfen. Er hat die Begabung, dem, was in der Luft liegt, eine Stimme zu geben. Und diese Stimme kommt von weit her. Sie bringt etwas in die Welt, was schon da ist, wenn auch verborgen – verschüttet und versteckt im Unbewussten, in Träumen, im Fundus der Menschheitsgeschichte, in den Schätzen der Literatur und der heiligen Schriften.

Die Jury, die Dylan den Nobelpreis für Literatur zuerkannt hat, begründete dies unter anderem mit dem Hinweis auf Homer. Dessen Dichtung wurde mit der Lyra, einem antiken Musikinstrument, vorgetragen. Die Lyrik Dylans knüpfe an diese Tradition an. Es gibt wohl keinen zeitgenössischen Songwriter, der so wortreiche und gehaltvolle Lieder schreibt. Allein die Song-Texte füllen Hunderte von Seiten und sind für mich beides: rätselhaft und faszinierend. Bei Dylan verschmelzen irdische und himmlische Liebe, erotisches Werben und Gebet. Was wir träumen und was real ist vermischt sich genauso wie unser „Verlorensein", und dass wir uns geborgen fühlen.

Auf seinem Album „Shadows In The Night" findet sich der Song „Stay With Me" – Bleibe bei mir. Man könnte meinen, das sei die Bitte an eine Geliebte. Doch dann klingt es wie ein Gebet, das an Psalm 23 erinnert: „Like a lamb that in springtime wanders far from the fold" – wie ein Lamm, das im Frühling fern der Herde wandert, ruft ein einsames Ich um Schutz vor den kalten Winden. „Come in, I give you shelter from the storm", hatte das bei Dylan 1975 geheißen. Doch jetzt stellt das einsame Ich staunend fest: „Every Path leeds to thee" – jeder Weg führt zu dir, um zu bekennen: „All that I can do is pray: Stay with me." Alles, was ich tun kann, ist beten: Bleibe bei mir.

Man bezichtigte Dylan gelegentlich des Plagiats. Sind die Texte gestohlen, montiert aus Versatzstücken der amerikanischen Musiktradition und der Weltliteratur?

Seine Antwort auf solche Vorwürfe lautet: Er covere nicht. Sondern: „I uncover, I unbury." – Ich lege frei, ich grabe aus.

Bob Dylan arbeitet gleichsam an Epiphanien. Er bringt, besonders in seinem Spätwerk, zum Vorschein, was „verschütt" gegangen ist. Was, einmal ans Licht sowie ins Bewusstsein geholt, unsere Seele nährt und unserem Herzen Mut macht. Er sagt es so: „He not busy being born is busy dying." Wer nicht fleißig ist, geboren zu werden, der ist fleißig dabei zu sterben. (aus: „It's Allright, Ma – I'm Only Bleeding")

9. „A COLD AND BROKEN HALLELUJAH"
Leonard Cohens Ringen mit einem dunklen Gott

(NDR KULTUR am 5.11.2017)

In diesen Tagen lädt Montreal zu einem besonderen Gedenken ein. Kanadas Premierminister und Gäste aus aller Welt erinnern mit einer Festwoche an den berühmten Sohn der Stadt. Auch wenn er die längste Zeit seines 82jährigen Lebens in den USA verbrachte: In Montreal wurde Leonard Cohen geboren. Und hier wurde er begraben. Nach jüdischem Ritus. Auf dem Friedhof, auf dem schon sein Großvater, ein Rabbiner, und andere Familienmitglieder die letzte Ruhe fanden. Übermorgen jährt sich Leonard Cohens Todestag. Das Konzert „Tower of Song" im Bell Center würdigt den Verstorbenen.

Der Veranstalter sagt: „Leonard Cohen ist eine literarische und musikalische Ikone des Worthandwerks. Auf dem ersten Jahrestag seines Vorübergehens werden wir uns bemühen, einen Künstler zu würdigen, der allgemein als einer der größten Dichter und Songwriter aller Zeiten anerkannt ist."

Die Poesie der Cohen'schen Sprache erschließt sich im englischen Original – doch vor allem über den Klang seiner tiefen Stimme. Ich hörte Cohen erstmals vor 50 Jahren auf einer Langspielplatte. Im Lauf der Jahre kamen zu Solostimme und Gitarre große musikalische Ensembles hinzu. Seit 2008 tourte der alte Cohen 5 Jahre mit fast 400 Konzerten durch die ganze Welt, von Kanada nach New York, Moskau, Sidney und in viele europäische Städte. Der Rezensent des Berlin-Konzertes vom Sommer 2013, das ich selber miterlebt habe, schreibt im Berliner *Tagesspiegel* (19.7.2013):

„Die Architektur eines Cohen-Konzerts erinnert an die Eleganz der Alhambra in Granada ... Cohen hält Zwiesprache mit seinen Versen, lauscht ihnen immer neue Nuancen ab. Er kann Depression zum Schwingen bringen. Er ist ein herbeigesehnter, willkommener Luzifer, Lichtbringer ... Cohen trinkt die Liebe, die ihm in der kalten Halle entgegen strömt ... Plötzlich ist er ein junger Mann, der Jude in der Synagoge. Cohen skandiert die Anrufung des Vaters, des Gottes, seiner eigenen Geschichte ... Und man versteht mit einem Schlag, worauf Religion gründet, wenn sie den Menschen nicht knebelt und maßregelt: auf dem Dialog mit dem Älteren, Höheren."

Der Dialog mit dem Älteren, Höheren beginnt für Cohen in den Verstrickungen und im Scheitern menschlicher Liebesbeziehungen. Sein bekanntestes Lied „Halleluja" – es wurde hundertemal von anderen Musikern gecovert – erzählt die Geschichte König Davids, der zur Laute greift und sich in Bathseba verliebt, die er beim Bad beobachtet (2. Samuel 11). Im nächsten Moment überblendet Cohen diese außereheliche Affäre mit einer anderen biblischen Liaison, der von Simson und Delila. Die Szene aus dem Richterbuch (Kap. 16) wird als erotisches Fesselungsspiel beschrieben. Auf dem Höhepunkt des sexuellen Begehrens entlockt Delila ihrem Liebhaber ein Halleluja: „… Sie band dich fest an einen Küchenstuhl, zerbrach deinen Thron und schnitt dir das Haar. Und von deinen Lippen saugte sie das Hallelujah."

Halleluja! Cohen kennt das Hebräische gut genug, um zu wissen, dass „halal" lobpreisen bedeutet und „-ja" eine Abkürzung ist für den unaussprechlichen Gottesnamen „Jahwe". Ist es blasphemisch, einen etwas frivolen Liebesakt in die Anrufung Gottes münden zu lassen? Cohen scheint das Argument in der nächsten Strophe aufzugreifen: „Es gibt ein Auflodern von Licht in jedem Wort. Es ist egal, welches du gehört hast, das heilige oder das zerbrochene Hallelujah."

Das Zerbrochene und das Heilige sind für Cohen untrennbar – so wie auch Religion und Eros bei ihm ineinanderfließen. Bereits im ersten Song seines ersten Albums von 1967 wird das hörbar – und bleibt doch rätselhaft: Von „Suzanne" erzählt die Ballade, in der sich eine zarte, eher platonische Liebe anbahnt. Ein Mädchen, gekleidet in Lumpen und Federn aus Heilsarmee-Beständen, bringt den Sänger auf ihre Wellenlänge und führt ihn zum nahen Fluss. Suzanne hält einen Spiegel … „Und du möchtest mit ihr reisen und willst blind mit ihr gehen und weißt, sie wird dir vertrauen. Denn sie hat deinen perfekten Körper mit ihrem Geist berührt."

In der geheimnisvollen Begegnung mit Suzanne am Fluss taucht unvermittelt die Gestalt Jesu auf: „Und Jesus war ein Seefahrer, als er übers Wasser ging, und er schaute eine lange Zeit zu von seinem einsamen hölzernen Turm …"

Erst von einer schönen Frau berührt, dann vom verlassenen Jesus, der schaut „from his lonely wooden tower". Ist mit dem hölzernen Turm das Kreuz gemeint? Dieser Jesus sinkt so tief ins Unterbewusstsein, dass man ihm blind vertrauen möchte. Tatsächlich wird Cohen nicht loskommen von der Gestalt Jesu. Sie begleitet ihn bis zu seinem letzten, 14. Studio-Album.

Cohen wurde 1934 geboren, in eine wohlhabende und geachtete Familie der jüdischen Gemeinde hinein. Dort schrieb er mit 15 seine ersten Gedichte und ist, so sagt er später, „mit einem Schlag erwachsen geworden", als er Fotos aus den Konzentrationslagern jenseits des Atlantiks sah. Immer wieder klingt der Holocaust in seinen Liedern an, oft versteckt und unerkannt, selbst in seiner erotischsten Hymne, dem Walzer „Dance me to the end of love" von 1984. Cohen hatte von den Streichquartetten in den Todeslagern gelesen, deren Musiker die Opfer mit klassischen Melodien ins Gas begleiten mussten: „Dance me to your beauty with a burning violin. Dance me through the panic 'til I'm gathered safely in. Lift me like an olive branch and be my homeward dove."

Die brennende Violine, der Weg durch die Panik an einen sicheren Ort; man kann an die Arche Noah denken, denn Cohen singt vom Olivenzweig und weiter: „Sei mir die Taube, die mich nach Hause bringt." In einer weiteren Strophe werden ausdrücklich die Kinder erwähnt, die darum bitten, geboren zu werden: „Dance me to the children who are asking to be born."

Die brennende Violine. Schönheit, zu Tode getanzt. Es ist kaum auszuhalten. Noch im Titellied seines letzten Albums „You want it darker" vom Oktober 2016 erinnert er an diese Kinder: „A million candles burning for the help that never came" (eine Million Kerzen brennen für die Hilfe, die nie kam). Das erinnert an die Gedenkstätte Yad Vashem in Jerusalem, wo man dieser Kinder mit einer millionenfach gespiegelten Kerze gedenkt.

Im Titelsong des Albums „Future" von 1992 wird die Zukunft in düstersten Farben gemalt. Auf diesem politischsten Album Cohens findet sich ein Lied, dass zur Hymne geworden ist und für viele das optimistische „We shall overcome" der Bürgerrechtsbewegung abgelöst hat – und dem Scheitern zum Trotz Hoffnung stiftet. In betörender Einfachheit beginnt „Anthem" so: „Die Vögel singen bei Tagesanbruch. Fang noch einmal an, hör ich sie sagen. Grüble nicht nach über das, was geschehen ist, noch über das, was die Zukunft bringt." Kurz darauf setzt der Refrain ein, vielstimmig, mit einem Crescendo: „Läutet die Glocken, die noch klingen können, hört auf mit euren perfekten Opfergaben. Da ist ein Riss in allem – so kommt das Licht herein."

Ist das kein tröstlicher, geradezu christlicher Gedanke? In theologischer Fachsprache könnte man es Kreuzestheologie nennen. In den Brüchen des Lebens tut sich ein Fenster auf – plötzlich ein Lichteinfall, ein heilsamer Lichtblick.

Der verlassene Jesus am Kreuz – „on his wooden tower" – reißt mit seinem Todesschrei den Himmel auf, der Vorhang im Tempel zerreißt: „A crack in everything, that's how the light gets in."

Zugleich findet sich in diesem Hymnus die dezidierte Absage an alle Opfertheologie. Spielt Cohen mit dem „Forget your perfect offering" an auf Abrahams Bereitschaft, den eigenen Sohn für Gott zu schlachten? Noch heute läuft es mir eiskalt über den Rücken. Ich hörte die „Story of Isaak" erstmals 1969. Cohen wählt die Perspektive des 9jährigen Isaak: „Mein Vater tritt ein ... Er sagte: Ich hatte eine Vision, und du weißt, ich bin stark und heilig. Ich muss tun, was mir befohlen wurde."

Beide besteigen den Berg, der Vater geht, der Sohn rennt. Oben angekommen, baut der Vater den Altar, vergewissert sich mit einem Blick über die Schulter: Sein Sohn würde sich nicht verstecken. Dann endlich folgt die rettende Intervention: „Ihr, die ihr jetzt diese Altäre baut, um diese Kinder zu opfern, ihr dürft dies nicht mehr tun." Cohen rechnet ab mit einem Gott, der Menschenopfer fordert. Und mit Vätern, die noch immer bereit sind, ihre Kinder – auf Altären welcher Verblendung auch immer – zu opfern.

Cohen war erst 35, als er diese Verse schrieb. Im Alter wird sein Ton versöhnlicher. Sicher trägt dazu bei, dass er sich oft in ein buddhistisches Kloster in der Nähe von Los Angeles zurückzog. Mit Roshi, einem japanischen Zen-Meister, war er Jahrzehnte befreundet. Schließlich verbringt er ganze 6 Jahre in der Abgeschiedenheit. Cohen wird zum Mönch ordiniert und nimmt den Namen „Jikart" an, was bedeutet: „der auf die Stille hört".

Während seines spirituellen Rückzugs verliert Cohen sein ganzes Vermögen – seine Managerin hat es veruntreut. So kommt er – gezwungenermaßen – nach fast 15jähriger Absenz zurück auf die Bühnen der Welt – mit alten und neuen Songs. Ein alter Gentleman mit neuem Outfit. Im dunklen Anzug und mit Fedora-Hut, begleitet von exzellenten Musikern, feiert er ab 2008 sein Comeback. Bei einem Konzert in Israel, zugunsten israelisch-palästinensischer Friedensorganisationen, wird er unversehens zum Priester – nichts anderes bedeutet ja der Name Cohen: Er hebt die Hände und spendet den Segen über diesem zerrissenen Land.

Ein paar Jahre später, 2014, auf seinem vorletzten Album mit dem unprätentiösen Titel „Popular Problems", scheint Cohen wie befreit von aller Lebenslast und tut das kund mit einem frappierenden Bild und Bekenntnis. Im Lied „I was born in chains" malt er sein Leben hinein in die Ur-Kunden des Judentums vom Auszug aus der Sklaverei: „Ich wurde in Ketten geboren, doch ich wurde herausgeholt aus Ägypten … Wort aller Worte, Maß aller Maße; gesegnet ist der Name, der Name sei gesegnet, geschrieben auf mein Herz in brennenden Buchstaben. Das ist alles, was ich weiß. Den Rest kann ich nicht entziffern." Aber er entziffert noch mehr in diesem Lied: Cohen meint zu erkennen, dass Gott selber verwundet sei und sein Name zerbrochen. Anscheinend geht der Riss, der Bruch, von dem alles gezeichnet ist, auch durch Gott. Und so verdunkelt sich das Gottesbild wieder.

Dennoch bleibt festzuhalten: Der ausschließlich grausam-düstere Gott ist verflogen. Der alte Cohen wirkt heiter und gelöst, wenn er in einem seiner letzten Interviews sagt: „Da ist eine Realität, die man nicht durchdringen kann, die aber doch Stimmung und Aktivität beeinflusst. Man kann sich ihr nicht entziehen. Irgendwann besteht sie darauf, dass du reagierst. Manchmal ist es wie ein: 'Leonard, du verlierst zu viel Gewicht. Du stirbst. Du musst mit diesem Prozess nicht enthusiastisch kooperieren. Zwing dich jetzt zu einem Sandwich!' Was ich damit sagen will: Du hörst eine Bat Kol – die Tochter einer Stimme, im Talmud meint es die göttliche Stimme. Du hörst, wie die andere Seite der Wirklichkeit ständig zu dir singt, doch oft kannst du es nicht entziffern." (David Remnick in *The New Yorker*, 17.10.2016)

In manchen seiner Lieder meint man, diese andere Stimme singen zu hören. Auf seinem letzten Album „You want it darker" schenkt er ihr noch einmal Gehör, wenn er in einem fiktiven Gespräch mit Jesus räsoniert: „Ich habe gesehen, wie du Wasser in Wein verwandelst … Ich sitze mit dir zu Tisch an jedem Abend. Ich versuche es, doch ich werde nicht fertig mit dir."

In einem weiteren Lied dieses Albums scheint die Zwiesprache mit Jesus weiterzugehen: „Es schien der bessere Weg zu sein, als ich ihn das erste Mal sprechen hörte. Jetzt ist es viel zu spät, um die andere Wange hinzuhalten. Es klang wie die Wahrheit, es schien der bessere Weg." Dann beschließt er das Lied mit den Worten: „Ich nehme jetzt besser Platz, um das Glas mit Blut zu erheben und zu versuchen, den Segen zu sprechen."

Dieser Segen klingt bereits im Titelsong von „You want it darker" an: „Großgemacht, geweiht sei dein heiliger Name, geschmäht, gekreuzigt in menschlicher Gestalt."

Das ist kein ungebrochenes Gotteslob, im Gegenteil. Es bleibt ein dunkler Dialog mit dem Schöpfer. Cohen stellt sich Gott – mit nichts als einer klaffenden, schreienden Wunde. Er bringt die unzähligen Opfer mit – „a million candles burning for the help that never came" – und mit ihnen die Frage, wie Gott es erlauben kann, dass Menschen ungestraft morden und quälen. Und die Selbstanklage: „Wir töten die Flamme." Die *SZ* nannte Cohens letztes Werk „das schwärzeste Album der Popgeschichte". Man könnte auch sagen, es sei das ehrlichste, persönlichste und hingebungsvollste.

Cohen verlässt den Tisch, ist bereit zu sterben – mit den hebräischen Worten, die schon Abraham und die Propheten sprachen: „Hineni, hier bin ich!" Hineni ist der wohl mächtigste Ausdruck der Bibel dafür, mit voller Hingabe präsent zu sein. Cohen erläutert das in einem seiner letzten Interviews so: „Ich kenne den Ursprung dieses 'Hineni' nicht, dieser Erklärung, bereit zu sein, egal, was rauskommt." Und er fährt fort: „Es ist ein Teil unserer Seele. Wir sind alle motiviert von tiefen Impulsen und einem tiefen Hunger zu dienen ... Es ist Teil meiner Natur ... Im kritischen Moment, wenn der Notfall eintritt, nur dann ... können wir diese Bereitschaft zu dienen lokalisieren."

Cohen sagt im O-Ton: „when the emergency becomes articulate". Im Englischen enthält das Wort Notfall, „emergency", eine weitere Bedeutung, das Potenzial einer erwachenden Gegenwart: „Emerge" heißt auftauchen. Wer taucht auf im kritischen Moment? Der Gott, dem ich mit „Hineni" bereit bin zu begegnen, der es dunkler haben will und dessen Name geheiligt sei? Cohen erwähnt neben dem erhöhten im selben Atemzug den erniedrigten, als Mensch gekreuzigten Gott: „vilified, crucified, in the human frame".

Sicher kann man Leonard Cohen aufgrund solcher Texte nicht christlich vereinnahmen. Doch auffallend ist, dass seine lebenslange Auseinandersetzung mit einem abgründigen und rätselhaften Gott ihn wiederholt in die Begegnung mit Jesus führt. Mehr noch: An dessen Tisch sitze er jeden Abend, so bekennt er auf seinem letzten Album. Könnte es sein, dass man das Dunkel der Welt nur ertragen kann an der Seite dessen, der – wie Cohen bereits in seinem ersten Lied „Suzanne" sagt – „selber zerbrochen wurde, lange bevor sich der Himmel öffnen würde"?

10. HUMOR IST DER HOFFNUNG LETZTE WAFFE
Was Satire kann

„Den Lichtstreif festhalten" – Robert Gernhardt (1937-2006)

(NDR-Morgenandachten vom 27.6.-2.7.2016 anlässlich des 10. Todestags)

I. Das christliche Personal habe ihn in der Kindheit bedrängt und bedrückt: So sagte Robert Gernhardt in einem Interview. Vor 10 Jahren starb er, der mit spitzer Feder malte, karikierte und reimte. Gernhardt gilt als erfolgreichster zeitgenössischer deutsche Lyriker. Der 1937 in Estland geborene Dichter nahm immer wieder seine christliche Religion und Sozialisation auf die Schippe: „Ich sprach nachts: Es werde Licht! Aber heller wurd' es nicht. Ich sprach: Wasser werde Wein! Doch das Wasser ließ dies sein ... Da ward auch dem Dümmsten klar, dass ich nicht der Heiland war."

So kennen ihn viele, den dichtenden Satiriker. Millionen brachte er zum Lachen. Das war nicht hämisch, sondern das Lachen der Vernunft gegen die Dummheit. Und es war das Lachen über sich selbst: „Lieber Gott, nimm es hin, dass ich was Besondres bin. Und gib ruhig einmal zu, dass ich klüger bin als du. Preise künftig meinen Namen, denn sonst setzt es etwas. Amen." Fromme Christen hätten ihm wegen dieses Gedichtes Höllenstrafen angekündigt, sagte Gernhardt. Doch er weiß zu kontern: „Kluge Theologen sagen: 'Gott lässt sich nicht beleidigen.' Beleidigen lassen sich nur Menschen, die sich bestimmte Vorstellungen von Gott machen. Ich selbst bin aufgewachsen mit einer Art Stasi-Gott. Wehe, wehe, der liebe Gott sieht alles. Eine solche Gottesvorstellung darf man natürlich lächerlich machen."

Für mich steht fest: Er war was Besonderes und hat auch uns Christenmenschen was zu sagen. Er hat die Welt heller gemacht mit seinem Esprit. Er war kein ewig gut gelaunter Frohsinnstyp, sondern auch ein melancholischer Mensch. Als ihn schwere Krankheiten – erst ein Infarkt, dann Krebs – immer mehr quälten, waren seine Gedichte kaum mehr zum Lachen. Sie wurden wortkarg, lakonisch, minimalistisch. Aber er wehrte sich bis zuletzt mit Wort und Witz. Gernhardt war kein Christ. Doch hat er ein Merkmal des Christseins beherzigt: Das Gelächter ist der Hoffnung letzte Waffe.

II. Sein Tod kam nicht unerwartet. Er sprach offen darüber in seinen sogenannten „K-Gedichten". K meint den Krebs. Der Lyriker und Zeichner Robert Gernhardt starb vor 10 Jahren an Darmkrebs. Ich wollte mir in diesen Wochen noch einmal ein Bild machen von diesem wachen Zeitgenossen. Dabei stieß ich in einer Mediathek auf ein längeres Gespräch mit ihm – in seinem letzten, 68. Lebensjahr.

Ich sah und hörte einen Mann voll Esprit und Geistesgegenwart. Seine Krankheit war ihm nicht anzumerken. Vielleicht entstanden nach so einer Begegnung oder Lesung diese Zeilen, die er mit „Dialog" überschrieben hat: „Gut schaust du aus!" … „Danke! Werds meinem Krebs weitersagen. Wird ihn ärgern." Was soll man darauf antworten? Selbst der Lach-Reflex bleibt einem im Hals stecken. Sarkastisch und mit Galgenhumor begleitet der Dichter, was mit seinem Körper geschieht. Ohne Selbstmitleid.

Gernhardts Komik angesichts des bevorstehenden Todes kann einen zu Tränen rühren. Wie sich wehren gegen solch elendes Sterben? Mit seinen Sprachspielen verschafft er sich Luft. Aus dem klassischen Verleser von „furchtbar" und „fruchtbar" macht er mehr, einen Mehrwert: einen Dialog mit Gott – oder ist es eine Abrechnung? „Vom Wissen ums Sterben" sind diese Zeilen überschrieben: „Der sich das erdachte, war furchtbar. Sein Denken ging einzig darauf, dass die Menschheit voll Furcht war. Damit sie sich in größtmöglicher Zahl fürchtete, wollte er sie fruchtbar. Worauf all der Menschen nie endenwollende Gottesfurcht die Frucht war."

Er rechnet ab mit einem Gott, der Furcht und Schrecken verbreitet. Doch die Furcht soll nicht das letzte Wort haben. Man kann mutmaßen, er rechne mit Gott, damit, dass das fruchtbar sein könnte. Ich sehe in Gernhardt einen Bruder des Komponisten und Dichters Paul Gerhardt. Dessen Lieder hat er gut gekannt und oft variiert. Noch im Dreißigjährigen Krieg und im Angesicht seiner Schrecken dichtete der bekannteste Gesangbuchautor gegen den Tod:

> „Die Welt ist mir ein Lachen
> mit ihrem großen Zorn …
> Die Trübsal trübt mir nicht
> mein Herz und Angesicht."

Solch trotzige Gottesfurcht macht unerschrocken, verschafft Distanz zu allem, was zum Fürchten ist. Mein Gott, wenn uns das gelänge: Es wäre fruchtbar!

III. Was treibt uns an, wenn wir jung sind? Was bringt uns nach vorn, wenn die Liebe scheitert? Was holt uns raus, wenn wir traurig oder gar melancholisch sind? Was begegnet uns, wenn wir alt werden und sterben? Robert Gernhardt, der Dichter, der 2006 im Alter von 68 Jahren starb, musste sich jahrelang mit Darmkrebs quälen. Diese Not empfand er als Nötigung. Er reagierte und wehrte sich – mit Gedichten. Eins geht so: „Und da wirste geborn und da fühlste dich klein und da ließest du alles am liebsten gleich sein und sagtest 'Tschüss Alte, tschüss Alter' – doch dann sind da die Falter ... Und denn biste ein Mann und denn läuft es nicht so und denn biste oft traurig und nur sehr selten froh und denn blätterste schon mal im Psalter – doch da ist noch ein Falter ... Und dann wird dein Haar grau und dann fühlste dich alt und dann siehste sie plötzlich, diese Gestalt und du fragst dich: 'Wo kommt die Gestalt her?' – Mensch, die ist doch kein Falter! Und dann folgst du ihr doch mit verstummendem Mund."

In allen Strophen, in allen Lebensphasen gibt es diese kritischen Momente, in denen es so nicht weitergeht. Und just dann, wenn nichts mehr geht, taucht er auf, der geheimnisvolle, wunderschöne Falter. Wofür steht er? Schmetterlinge im Bauch? Frühlingsgefühle? Neue Entfaltung? Ist der Falter nicht auch ein Sinnbild dafür, dass sich etwas wandeln kann: von der Raupe zum ... Doch Robert Gernhardt nimmt den Mund nicht voll, er bricht den Reim und damit dem Falter die Flügel und verstummt – lässt uns allein mit dem „Und" sowie den Pünktchen. Er animiert uns, selber weiter zu dichten und zu denken. Was heißt „doch da ist noch ein Falter"?

IV. Heute vor 10 Jahren starb Robert Gernhardt. Der Sprachvirtuose und Zeichner thematisiert mit einem Bild den Tod auf eigenartige Weise. Anders als seine zahllosen Karikaturen ist dies ein Gemälde mit Konturen und Schattierungen. Man sieht einen Mann in einem Kindersarg sitzen. Man könnte auch an eine Krippe denken. Ein verkürzter Deckel, der an ein umgekehrt aufgeschlagenes Buch erinnert, bedeckt die Beine. Die Kiste steht auf einem Fliesenboden. Der Körper ist starr, doch die Augen geöffnet. Licht fällt ein von der Seite. Man glaubt, Robert Gernhardt wiederzuerkennen. Überraschend: Die Hände, ganz in Licht getaucht, liegen auf dem Deckel und halten in der Rechten eine Kinderrassel, in der Linken ein Kreuz. Woher kommt der Lichteinfall? Inszeniert sich der Atheist Gernhardt als Christ, der sich einen kindlichen Glauben bewahrt hat? Das „Mannkind" im Kinderwagensarg scheint zu warten. Worauf?

Einer der Gedichtbände von Robert Gernhardt trägt den Titel „Lichte Gedichte". Eins davon ist die „Ballade von der Lichtmalerei". Sie endet: „… die Fackel hält jeder nur kurze Zeit, dann flackert sein Lebenslicht. Doch senkt sich um ihn auch Dunkelheit, die Fackel erlischt so rasch nicht. Sie leuchtet, solange jemand was nimmt, es ins Licht legt und es besieht, und solange ein Mensch zu fixieren sucht, was im Licht mit den Dingen geschieht."

So wachen und neugierigen Sinnes dem Tod entgegenzutreten, im hellen Bewusstsein, Teil einer langen Tradition von Lichtträgern zu sein – das ist für mich Lebenskunst – ein Vermögen, das der Tod nicht zu vernichten vermag.

V.

Robert Gernhardt, Mitbegründer der Satirezeitschrift *Titanic*, starb vor 10 Jahren. Mit seinen Gedichten und Karikaturen kommentierte er witzig und manchmal sarkastisch das Zeitgeschehen. Noch heute kann er mich zum Lachen bringen – seine Zeilen sind Stolpersteine, sie brechen auf, wie ich sonst gewohnt bin, zu hören und zu denken. Sein Werk surft nicht nur auf der Oberfläche des Lebens. Er produziert nicht Nonsens, sondern Widersinn; seine Texte sind widerständig. Scheinbarer Flachsinn offenbart sich als tiefsinnig und abgründig. Für mich gleicht er dem Clown, der einen auf schmerzhaft-schöne Weise zu berühren vermag.

In einem seiner letzten Gedichtbände, „Später Spagat", heißt es: „Natürlich ist mir auch manchmal zum Weinen. Natürlich weine ich manchmal auch. Ich wein, weil: Plötzlich fällt mirs Lieben ein. Ich wein, weil: Plötzlich fällt mirs Loben ein. Ich wein, weil: Plötzlich fällt mirs Laben ein. Ich wein, weil: Plötzlich fällt mirs Leben ein. Ich wein, weil: Plötzlich fällt mir früher ein. Früher."

Gernhardt lotet das Leben aus, manchmal schwindelerregend und zum Verzweifeln. Höre ich das Gedicht „Seiltänzer", fällt mir Brahms' Requiem ein und die dort vertonten Bibelworte: „Ach wie gar nichts sind alle Menschen, die doch so sicher leben." Bei Gernhardt klingt es so: „Ich ging auf einem Seil dahin, mir schien es eine Straße. Mit frohem Mut und heiterm Sinn: Ich bin auf guter Straße! … Ich geh auf einem Seil dahin, das wird nie wieder Straße. Wirkt wie ein Faden licht und dünn: Wann lieg ich auf der Nase?"

Unser Leben hängt am seidenen Faden. Der Dichter Gernhardt blickt dem ins Gesicht und fürchtet sich nur ein bisschen: Ihm sinkt zwar der Mut. Er könnte stürzen und auf der Nase liegen. Doch er stolpert nicht, sondern besitzt die Chuzpe, auf der Lebensstraße, die zu einem gefährlichen Balance- und Drahtseilakt geworden ist, zu tanzen! Er wird zum Seiltänzer über den Abgründen. Ist das nicht ein todesmutiger Glaubensakt?

VI.

Das Leben ist schön – und schrecklich. Beides stimmt, die Spannung ist schwer auszuhalten. Kurz vor seinem frühen Tod, Robert Gernhardt starb vor 10 Jahren mit 68 an Krebs, schrieb er: „Durch die Landschaft meiner Niederlagen gehe ich in meinen alten Tagen: Abends ist es am schlimmsten. Das Streiflicht der nur langsam untergehenden Sonne modelliert die fernen gefalteten Berge, die nahen gespaltenen Steine, kurz alles, was sich ihm in den Weg stellt. – Abends war es am schönsten. Den Lichtstreif der untergehenden Junisonne für immer festzuhalten verbrachte ich Stunden um Stunden vor Leinwand und Landschaft, ein Weg ohne Ende."

Zwei vertauschte Silben in diesen beiden Strophen machen den großen Unterschied. Das „Streiflicht" des Abends ist am schlimmsten, der „Lichtstreif" des Abends am schönsten. Das eine – das Streiflicht – faltet und spaltet alles, was sich in den Weg stellt. Das andere – der Lichtstreif – eröffnet einen „Weg ohne Ende". Ein klitzekleiner Perspektivwechsel verändert für den Dichter alles bei seinem Rückblick. Und dann formuliert er, zwei Strophen weiter, die eher ernüchternde Einsicht: „Abends ist sie am stärksten, die Einsicht: Du warst deiner Aufgabe niemals gewachsen."

Solche Zeilen machen Gernhardt für mich zu einem wunderbaren, zugleich nüchternen wie humorvollen Weggefährten. Besonders, weil sie sich verbinden mit einer heiter machenden Einsicht – Luther hat sie mal etwas sperrig als „Rechtfertigungslehre" in die Welt gebracht. Das ist, salopp gesagt, die zugleich einfache wie schwierige Erkenntnis: Das Leben ist geschenkt, ich habe es mir nicht verdient, kann es mir auch nicht verdienen.

Gernhardts Gedicht mit dem Titel „Rückblick, Einsicht, Ausblick" endet ganz im Sinn der theologischen Erkenntnis mit diesem Ausblick, nicht in Vergangenheitsform, sondern präsentisch: „Abends ist es am schönsten. Der Streifzug rund um den Hügel von Montaio berückt und verzückt und beglückt wie damals. Verrückter Gedanke, das halten zu wollen, was nur Schein und dann weg ist." Bis zuletzt löst sich diese Spannung nicht auf: der Streifzug, der berückt, der Gedanke, der verrückt. So hält uns der Dichter Robert Gernhardt in Atem.

„Laß leuchten!" – Peter Rühmkorf (1929-2008)

(NDR-Morgenandachten vom 21.-26.10.2019 anlässlich des 90. Geburtstags)

I. „Laß leuchten!" Mit Ausrufezeichen, schwarz auf orangenem Grund, springen einen schon von Weitem die zwei Worte auf dem Ausstellungsposter an. Bis zum nächsten Sommer ist sie noch zu sehen, die Ausstellung im Altonaer Museum: „Laß leuchten". Im Hintergrund zu sehen: Das Profil eines Mannes. Peter Rühmkorf. Er wäre diese Woche 90 geworden. Ich bin sofort hellwach: „Laß leuchten!" Was meint der Dichter damit? Ich denke spontan an einen Satz aus der Bergpredigt. Die Stelle, wo Jesus dazu auffordert, sich nicht zu verstecken, sondern das eigene Licht auf einen Leuchter zu stellen (Mt. 5,15f.) Und Peter Rühmkorf? Dessen gleichnamiges Gedicht beginnt mit einer Rückblende: „Weißt du noch, wie du noch Kletten im Haar, Knöpfe in der Kollekte … als das Leben anfänglich war und nach weiterem schmeckte? Weißt du noch …"

Abrupt und barsch fällt sich der Dichter dann selber ins Wort: „Spar dir die Zeit und vertreib nicht das Glück mit deinem Rückwärtsgegrübel."

Muss man da nicht zustimmen? Wer neigte nicht dazu, sich gelegentlich ins Rückwärts zu verkrümeln, zu vergrübeln. Weißt du noch, damals! Besonders dann, wenn es nicht mehr so rund läuft. Mit Rühmkorfs Worten: „Alles ist schon so ein bißchen Schieschie, nichts geht mehr lustig vonstatten … Langsam bis in die Krone verfilzt; Ausfälle nicht mehr zu leugnen. Dabei weißt du genau, was du willst: einmal dich richtig ereignen …"

Da ist sie wieder, die Selbstunterbrechung. Mit einem Paukenschlag. Bevor du dich in Selbstmitleid verlierst, wach auf, Mensch. „Du weißt genau, was du willst: einmal dich richtig ereignen." Ist das nicht eine geniale Formulierung? Wie oft fühlt sich jemand als Opfer, fremden Ereignissen ausgeliefert. Wie jener Mann am heilenden Teich Siloah, der Jesus sein Leid klagt. Er komme immer zu spät, andere seien schneller. Jesus lässt diesem Mann sein Gejammer nicht durchgehen, sondern macht ihm Beine. „Du weißt genau, was du willst: einmal dich richtig ereignen." Und siehe da, endlich traut sich der Mensch. Er steht auf und zeigt sich. Peter Rühmkorf war kein Christ, doch dieses Gedicht kommt mir ganz jesuanisch daher. Es endet mit diesen Zeilen:

„Wie mir die Welt in die Augen – da sticht, Wünsche, die wir verscheuchten.
– Mach nicht son blödes blindes Gesicht. Laß deine Anlagen leuchten."

II. „Bleib erschütterbar und widersteh" – so heißt das vielleicht bekannteste Gedicht von Peter Rühmkorf, der in dieser Woche 90 geworden wäre. In mancher Hinsicht war der Lyriker beides: erschütterbar und widerständig. Schon als Kind musste er sich behaupten. „Kasper, Kasper", riefen ihm die Dorfjungen im niedersächsischen Warstade nach – er war der unehelich geborene Sohn eines reisenden Puppenspielers.

Seine Mutter, Lehrerin und Pastorentochter, hatte das zunächst verheimlicht, sie gab ihren Sohn als Adoptivkind aus. Diese frühen Erschütterungen waren begleitet von einer fragilen Gesundheit, unter der Rühmkorf zeitlebens gelitten hat. Seiner Verletzbarkeit zum Trotz war er widerständig. Als Gymnasiast verspottete er in einem anonymen Blatt den hitlerhörigen Schuldirektor – mit spitzer Feder. O-Ton Rühmkorf: „Bis in die Poesiealben auf dem Dorf drang damals das Mark und der Quark und manchmal beides komisch durcheinander: 'Des Führers Wolle sei unser Wille.'"

Nach dem Krieg musste Rühmkorf das Studium aufgeben. Das lag nicht zuletzt an seinem heftigen Zusammenprall mit dem Germanistik-Ordinarius. Der war als ehemaliges SA-Mitglied in Berlin wegen seiner Nazi-Verstrickungen entlassen worden, durfte aber in Hamburg ab 1947 wieder lehren.

„Bleib erschütterbar, doch widersteh", so verhielt es sich auch 1967. Benno Ohnesorgs Tod durch eine Polizeikugel erschütterte ihn – und trieb ihn selber zu Demonstrationen auf die Straße. Unterstützt vom Jazzpianisten Michael Naura verschaffte er seiner Doppelbotschaft immer wieder Gehör: Lass dich nicht verhärten, bleib sensibel und empfindsam. Aber ducke dich nicht weg, sondern übe dich in aufrechtem Gang: „Eh dein Kopf zum Totenkopf erkaltet: Bleib erschütterbar – doch widersteh." Noch heute klingt der Aufruf aktuell: „Die uns Erde, Wasser, Luft versauen (Fortschritt marsch! mit Gas und Gottvertrauen), ehe sie dich einvernehmen, eh du im Strudel bist und schon im Solde, wartend, daß die Kotze sich vergolde: Bleib erschütterbar – und widersteh." Es mag wie Galgenhumor klingen, wenn Rühmkorf weiter dichtet: „Schön, wie sich die Sterblichen berühren – Knüppel zielen schon auf Herz und Nieren, daß der Liebe gleich der Mut vergeh ... Bleib erschütterbar – doch widersteh."

Im Hintergrund dieser Zeilen höre ich den Sound der Bergpredigt: „Selig sind die Sanftmütigen", also die zugleich Sanften und Mutigen, „denn sie werden das Erdreich bewohnen."

III.
Was hält mich im Leben? Mit was kann man mir beikommen? Diesen sehr persönlichen und existenziellen Fragen stellt sich der Lyriker und Satiriker Peter Rühmkorf und findet verblüffend einfache Antworten. In einem seiner Gedichte lässt er uns an seinem Erkenntnisweg teilhaben. Wir brauchen ihm nur zu folgen in seinen Garten. Rühmkorf notiert: „Flüchtig gelagert in dieses mein Gartengeviert, wo mir der Abend noch nicht aus dem Auge will, schön ist's, hier noch sagen zu können: Schön, wie sich der Himmel verzieht und die Liebe zu Kopf steigt, all nach soviel Unsinn und Irrfahrt an ein seßhaftes Herz zu schlagen, du spürst einen Messerstich tief in der ledernen Brust. DIE FREUDE."

Dieser gelöste, fast heitere Tonfall findet sich nicht oft im Werk des romantischen, politischen, komischen, oft auch bissigen und verzweifelten Autors, der vor 11 Jahren im Alter von 78 Jahren starb. Kehren wir zurück zur Szene im Garten, wo Rühmkorf liegt und den Abend kommen lässt. Allem Unsinn, aller Irrfahrt des Lebens und aller Vergeblichkeit des eigenen Tuns zum Trotz entfaltet sich eine geradezu andächtige Stimmung. Lauschen wir den Worten des Dichters, während seine Rauchkringel zum Himmel steigen: „Wo nun dieser mein Witz das Land nicht verändert, mein Mund auf der Stelle spricht … doch solang ich noch atmund-rauchund-besteh, solang mich mein Kummer noch rührt und mein Glück mich noch angeht, will ich, was uns die Aura am Glimmen hält, mit langer Zunge loben!"

Erstaunlich. Das ist noch nicht alles an Lobpreis, was dem unfrommen Rühmkorf über die Lippen kommt. In der letzten Strophe des Gedichts quillt aus dem Dunkel der anbrechenden Nacht eine frohe Gewissheit über das, was das Leben im Innersten zusammenhält: außer der Liebe nichts – so auch der Titel des Gedichts. Es endet: „Unnütz in Anmut: Dich, wo die Nacht schon ihr Tuch wirft über dein ungebildetes Fleisch, es kehren alle Dinge sich ihre endliche Seite zu, und aus ergiebigem Dunkel rinnt finstere Fröhlichkeit … Ich aber nenne diesseits und jenseits der Stirn außer der Liebe nichts, was mich hält und mir beikommt."

IV. In einer biografischen Notiz teilt Peter Rühmkorf mit: „Das protestantische Kirchenlied, das habe ich mit Löffeln, wenn nicht Kellen gefressen ..." Viele, die den Schriftsteller als scharfzüngigen Essayisten und subversiven Sprachvirtuosen kennen, wissen nichts von seinen religiösen Wurzeln. Seiner Mutter, die er als eine „streitbare Christin" charakterisiert, gelang es, den Makel der unehelichen Geburt ihres Sohns – das war vor 90 Jahren ein Skandal – wettzumachen: Sie gewann Karl Barth, den berühmten Theologen, als Paten. Doch das verfing nicht bei ihrem Vater, der Superintendent in Otterndorf war. Rühmkorf selber beschreibt das so: „Mein Großvater war entsetzt und sagte: 'Das Kind kommt mir nicht ins Haus ...' Doch dann fand er doch immer mehr Gefallen an mir. Aus einem Grunde: Und nun kommen wir zu der seltsamen Gnade Gottes, welche höher ist als alle Vernunft. Im Ersten Weltkrieg waren seine beiden Söhne gefallen. Beide ... ganz kurz nacheinander waren ihm weggeschossen ... Und nun kam ich, Kind eines Fehltritts, ins Haus, und nur kraft dieses Fehltritts gab es einen Enkel, der den Namen Rühmkorf weiterführen konnte. Das ist doch an sich eine sehr erbauliche Geschichte." Vieles in seinem Leben war nicht erbaulich. Er eckte an, politisch, aber auch mit seinem vieldeutigen Sprachspiel, Wortwitz sowie den verblüffenden Reimen und Umdichtungen.

So auch mit seiner Hommage auf das Abendlied von Matthias Claudius: „Der Mond ist aufgegangen. Ich, zwischen Hoff und Hangen, rühr an den Himmel nicht. Was Jagen oder Yoga? Ich zieh die Tintentoga des Abends vor mein Angesicht." Alle 7 Strophen des Liedes umtanzt er, stößt die alten Worte weg, umspielt und variiert sie, umarmt und liebkost sie.

Manche empfinden das als blasphemisch. Ich finde es herzergreifend, es kommt einem aufgeklärten Christentum nahe. Rühmkorf schreibt: „In einem edleren Sinne parodieren kann ich nur, was mir lieb und teuer ist. Und die witzigen Brechungstöne kommen dann doch heraus, und ich schmuggle sie ja mit hinein, weil ich natürlich ganz und gar mit den Vorbildern nicht mehr zur Deckung komme. Hier ist ein neuerer, ein modernerer Mensch, und da ist eine alte Literaturvorlage, die ich sehr liebe, und ich versuche mich mit ihr mich annähernd und Distanz nehmend ... in Beziehung zu setzen."

V. Vor 90 Jahren wurde der Schriftsteller Peter Rühmkorf geboren. Vor 20 Jahren, zu seinem 70. Geburtstag, fragte ihn Iris Radisch in einem *ZEIT*-Interview, was er den ganzen Tag so arbeite in seiner Wohnung in Övelgönne am Elbstrand in Hamburg. Seine Antwort: „Arbeiten möchte ich es gar nicht nennen. Ich verfasse mich selbst und dichte die Fugen ab."

Im weiteren Gespräch in der „Papierverarbeitungswerkstatt", wie er seine Wohnung nennt, bekennt er: „Allerletzten Endes weiß ich natürlich, dass wir hier ein winziges verschontes Idyll genießen, das man auch einen Altenteilerhochsitz in einem Weltmeer von Blut nennen könnte. Ich habe da so gewisse finale Anwehungen, und, egal, was die Jugend so treibt, kann ich von meinem Mansardenluk aus immer nur mein ewiges Noch einmal Einmal noch intonieren."

8 Jahre vor seinem Tod scheint Rühmkorf sich in eine feine Melancholie einzufinden, die nicht verzweifelt, sondern mit einem güldenen Rand offen und transparent ist, auch für transzendente Tröstungen, die in unser gebrochenes Dasein hineinscheinen. Das im Interview genannte Gedicht geht, herbstlich gestimmt, so: „Noch einmal Blätterwirbel, roter, gelber, güldner, der Beter löst die Hände zum Applaus. Verehrter Herbst, erhabner Maskenbildner, einmal noch über das Vorhandene hinaus. – Als hieße Abschied nochmal Neubeginnen (die Wendung geht mir nach und steht mir nah), dem Lebewohl paar letzte Farben abgewinnen, die man noch nie so sah. – Laub löst sich leicht, wie still die Lärche nadelt, von Osten her nimmt Abschied überhand. Da schau, ein blondes Blatt kommt angeradelt, gefährlich auf dem Rand. – Mehr hast du nie gewollt, die Welt als Zufallstreffer. Hauptsache, daß du ihm nicht aus der Flugbahn weichst. Was dir zuteil, widerfährt nicht allen. Wie auch nicht jedem schmeckt, was dir beliebt: Ich bin ein Mann, der sich ergibt, und täglich neu bereit, in Täuschung zu verfallen: ein Blatt vom Lebensbaum, halb fahl, halb golddurchsiebt."

Rühmkorf zum 90. Diese Selbstwidmung bleibt mir im Sinn. Ich finde sie wunderbar und mache sie mir gern zu eigen: Ich bin „ein Blatt vom Lebensbaum ... halb golddurchsiebt".

VI.

„Der Geist weht, wo er will", sagte schon Jesus. Gut, dass es den Heiligen Geist in der christlichen Trinitätslehre gibt: als Kraft, die alles fest Gefügte durcheinanderwirbelt. Ich denke, Peter Rühmkorf, der gestern 90 geworden wäre, den man auch einen „Levitationskünstler" und „Artist auf dem Hochseil" nannte, wurde ständig vom Geist angeweht und befeuert. Bei der Verleihung der Ehrendoktorwürde attestierte man ihm eine „Metaphysik des Schwebens". In seiner Replik auf die Laudatio bestätigt der Geehrte: „Wo immer ich gehe, stehe, sitze, liege oder fliege, rast, flattert, flimmert, wedelt, taumelt, fegt und schwebt so viel poetischer Leuchtstoff auf meinem inneren Wahrnehmungsschirm vorbei, dass ich ihn in der Eile weder verbinden noch zur Ordnung rufen kann, und den ich (statt ihn einfach in den städtischen Müllsack segeln zu lassen) in diesem vorläufigen Zustand einer ersten Anwehung festzuhalten suche."

Rühmkorf spricht von „versprengten Lichteinfällen", die ihn in guten Stunden erreichen. Und in desolaten, düsteren Momenten retten.

Es gibt Schicksalsschläge, bei denen man ins Bodenlose fällt. Solch ein Verzweiflungsgedicht beginnt so: „All dein Glück wie nie gewesen, aller Scherz wie nicht von hier, und da möchtest du es schon mal lesen, daß es jemandem so ging wie dir ... mitten aus der Fahrt zu Fall ..." Mitten aus der Fahrt zu Fall gekommen. In diesem Moment des Schocks meldet sich ein rettendes Motiv: „Wie ein Lied aus bessern Tagen streift dich der Gefangnen Chor – ausgesprochene Versagersagen reißen den Gestrauchelten empor."

Versagersagen – mir fällt dazu auch der Mann am Kreuz ein. Denn was von diesem Versager zu sagen ist, das lässt aufhorchen, das kann Gestrauchelte empor reißen. Das Gedicht „All dein Glück" endet mit einem Flügelschlag. Da liegt einer schlaflos, greift zum Buch, und – oh Wunder, welch schönes Bild – die Buchdeckel verwandeln sich in Flügel: „... du auf deiner Einmannliege, nachts, auf dem verrutschten Tuch, wirst du deiner Einzigkeit gewahr – und es wär schon gut, wenn jetzt ein Buch über dir zusammenschlüge wie ein lichtgesäumtes Flügelpaar."

In Rühmkorfs Poesie huscht immer wieder ein Engel durch den Raum. Im Buch, das über ihm aufgeschlagen ist, beginnen die Buchstaben und Blätter zu tanzen wie ein lichtgesäumtes Flügelpaar. Der Geist weht eben, wo er will.

* * *

11. JAHRGANG 1921
Ein Siebengestirn mit Leuchtkraft

Hundertjährige, die mich mitnehmen:

Marti, Fried, Dürrenmatt, Scholl, Aichinger, Borchert, Watzlawick

(NDR KULTUR, Glaubenssachen, am 25.7.2021; später in C&W abgedruckt)

Erstaunlich, welche Karriere der 2009 veröffentlichte Debütroman von Jonas Jonasson in kurzer Zeit machte. *Der Hundertjährige, der aus dem Fenster stieg und verschwand* war nicht nur in Schweden lange das meistverkaufte Buch. Auch in Deutschland gehörte es monatelang zu den Top 10 und wurde zum internationalen Bestseller mit Millionenauflage. Eine Verfilmung folgte, ein Fortsetzungstitel kam auf den Markt.

Abgesehen vom Unterhaltungswert dieses Schelmenromans, der einem rasanten Roadmovie gleicht: Was fasziniert an dem Thema? Dass die Zahl der Hundertjährigen bei uns wächst? Dass uns der Protagonist in Rückblenden mitnimmt auf eine Zeitreise mitten durch die Katastrophen des 20. Jahrhunderts? Oder der Titel, der die Fantasie beflügelt, wie es wäre, selber aus dem bisherigen Leben auszusteigen und zu verschwinden?

In mir rührt der Buchtitel noch an eine andere Frage: Wie bin ich zu dem geworden, der ich heute bin, mit 71 Jahren? Dabei spielen Hundertjährige eine Rolle, gehören sie doch zu meiner Elterngeneration, die oft dröhnend laut schwieg, wenn es um die Zeit des Nationalsozialismus ging. 7 will ich ehren, die sich auf unterschiedliche Weise in mein Leben einfädelten – als Lehrmeister, Vorbilder, Zeitzeugen, angefasst von und befasst mit den Schrecken und Verbrechen jener Jahre. Da wären: Kurt Marti und Erich Fried, Friedrich Dürrenmatt und Wolfgang Borchert, Sophie Scholl und Ilse Aichinger sowie Paul Watzlawick. Ein vielstimmiger Chor, der den Autor, Jahrgang 1950, beeinflusste, ermutigte und bis heute in Mitleidenschaft zieht.

Ich bin ein „68er", die auf die Straße gingen, um gegen Vietnamkrieg und Politiker mit brauner Vergangenheit zu demonstrieren. Seitdem traten die 7 in mein Bewusstsein, meldeten sich zu Wort oder bekamen ein neues Ansehen.

1. Da ist **Erich Fried**, geboren 1921 in Wien. Seine Stimme ist mir noch im Ohr – sie wärmte das Herz und provozierte das Denken. Seine Sprache war pointiert und politisch, präzise und poetisch. Gegen die US-Politik in Vietnam, gegen Israels Umgang mit den Palästinensern, gegen politische Zustände in der alten Bundesrepublik. So ging er zum Beispiel in einem Gedicht auf eine politische Debatte ein. In einem Gesetzentwurf wurde damals der Begriff „Gezielter polizeilicher Todesschuss" ersetzt durch „Finaler Rettungsschuss". Fried kommentierte das sarkastisch unter der Überschrift „Sprachliche Endlösungen": „O nimmermüder Genius unserer deutschen Sprache, der du überall alles verschönst und verklärst und begütigst!"

Fried war eine glaubwürdige Autorität. Als Jude hatte er die Shoa überlebt. Seine Großmutter wurde ins Vernichtungslager transportiert, sein Vater starb nach der Folter durch die Gestapo. Da war Fried 17 und rettete sich sowie danach seine Mutter ins Exil nach London. Später fanden seine Texte wegen ihrer politischen Brisanz in der alten Bundesrepublik zunächst keinen Verleger. Manche seiner Gedichte standen auf Wandzeitungen in den Universitäten und klingen aktueller denn je: „Wer will, dass die Welt so bleibt, wie sie ist, der will nicht, dass sie bleibt."

Faszinierend fand ich seinen Umgang mit der hebräischen Bibel. Im Konfirmandenunterricht las ich wiederholt seine Variante des Brudermords: „Präventivschlag" nannte er die knappe Erzählung, in der Abel, die mörderische Absicht seines Bruders Kain erahnend, diesem zuvorkommt und dann – von Gottes Stimme konfrontiert: „Kain, wo ist dein Bruder Abel?" – beschwichtigend antwortet: „Hier bin ich, mach dir keine Sorge um mich." Als die Frage weiter an ihm nagt, deckt er den Leichnam des verscharrten Bruders auf, um erschrocken in sein eigenes Antlitz zu schauen.

2. Was wusste ich als junger Mensch über die Welt – und die Abgründe der menschlichen Seele? Die zu ergründen und auszuloten, dazu half mir Jahre zuvor ein anderer Hundertjähriger, scharfsinnig und unterhaltsam zugleich: **Friedrich Dürrenmatt**, Sohn eines reformierten Pfarrers. Wenn ich an meinen Deutschunterricht zurückdenke, fallen mir die Stücke *Der Besuch der alten Dame* und *Die Physiker* ein. Für beides – Schullektüre sowie begleitende Theaterbesuche in Schleswig, Kiel und Hamburg – bin ich meinen Lehrern noch heute dankbar. Neben vielen anderen Literaten, die hier nicht genannt werden, arbeitete dieser Schweizer Schriftsteller an unserer Charakter- und Gewissensbildung: Das war eine Schule fürs Leben! Aufklärung im besten Sinn des Wortes: Hilfe beim Herausfinden, beim Ausgang aus unreflektierter und daher selbstverschuldeter Unmündigkeit.

3. Damals wusste ich noch nicht, dass neben Friedrich Dürrenmatt in derselben Schulklasse ein anderer Schweizer saß, der mich mit Beginn meines Theologiestudiums ein Leben lang begleiten und inspirieren würde: **Kurt Marti**, Pfarrer und Dichter, ebenfalls im Januar 1921 geboren. Noch heute schaue ich ihm gelegentlich über den Rücken: über die vielen Buchrücken in meinem Regal. Marti brachte Schwung in mein damals starres Glaubensgebäude. Dogmatische Begriffe löste er auf, indem er sie übersetzte in poetische, fließende und sinnliche Sprache.

Kurt Marti war unbequem – und wurde gehört, weit über Bern hinaus. Die evangelisch-theologische Fakultät wollte ihm einen Lehrauftrag für Homiletik geben, doch der Regierungsrat des Kantons intervenierte – aus politischen Gründen. Marti hatte gegen Atomwaffen und Atomkraftwerke protestiert und pointiert kritisiert, dass in der Schweiz zwar Diktatoren mit ihrem Geld, nicht aber Flüchtlinge Asyl fänden. Für mich war er vor allem ein feinfühliger Theologe. *Zärtlichkeit und Schmerz* hieß eines seiner Bücher. Seine „Körpertheologie" berührt mich auch heute noch: „grosser gott: uns näher als haut oder halsschlagader, kleiner als herzmuskel, zwerchfell oft: zu nahe, zu klein – wozu dich suchen? wir: deine verstecke."

Immer wieder umkreist Marti das Alleinstellungsmerkmal der christlichen Religion, die Trinität, und übersetzt die Formel von Vater, Sohn und Heiligem Geist erfrischend neu. Die Dreifaltigkeit ist für ihn Inbegriff einer geselligen, kommunikativen und gewalten-teilenden Gottheit, die nicht in sich ruht, sondern sich teilt und auf Menschen übergeht. „Meine" Hundertjährigen gehören auf je eigene Weise in die Kommune und den Wirkkreis dieser geselligen Gottheit. Denn für die gilt, so Martis Deutung von Pfingsten: „… lieber als einsamer Herr zu sein fließt sie über in Menschen hinein."

4. Zu den von pfingstlichem Geist erweckten Menschen gehört für mich **Sophie Scholl**, geboren im Mai 1921 in Baden-Württemberg. Jahrelang war sie in der Hitlerjugend aktiv, übernahm begeistert im „Bund deutscher Mädel" eine leitende Rolle. Doch Zweifel und Erschrecken wuchsen, insbesondere nach der Reichspogromnacht und dann der Entfesselung des Krieges. Ihrem Geliebten, als Offizier an der Front, schrieb sie 1942:

„Der Mensch soll ja nicht, weil alle Dinge zwiespältig sind, deshalb auch zwiespältig sein. Diese Meinung aber trifft man immer und überall. Weil wir hineingestellt sind in diese zwiespältige Welt, deshalb müssen wir ihr gehorchen. Und seltsamerweise findet man diese ganz und gar unchristliche Anschauung gerade bei den sogenannten Christen." Nach Jahren des Irrwegs fragt sie sich, ob sie bisher geträumt habe, und erkennt: „Manchmal vielleicht. Aber ich glaube, ich bin aufgewacht."

Die spät und dann entschieden Aufgewachte bleibt ein Vorbild bis heute: Du kannst dein Leben ändern und deinem Gewissen folgen. Im letzten Flugblatt der *Weißen Rose*, das sie persönlich mit verteilte an der Münchner Universität, wird zur „Brechung des nationalsozialistischen Terrors aus der Macht des Geistes" aufgerufen. Sophie Scholls Glaubensmut und ihre Zivilcourage machten sie zur Märtyrerin. Sie starb mit anderen im Februar 1943 in München unter dem Fallbeil.

Spät begann die Aufarbeitung und Würdigung des Widerstands in der alten Bundesrepublik! Ich erinnere mich an kontroverse Diskussionen noch 1978 in meiner Vikariatsgemeinde im Norden Hamburgs, wo ein Platz nach der *Weißen Rose* benannt wurde, in Erinnerung an Studierende aus Hamburg, die wie die Münchner Gruppe gegen Hitler-Deutschland opponiert hatten.

5. In diesem Kontext erwähne ich die im November 1921 in Wien als Tochter einer jüdischen Ärztin geborene **Ilse Aichinger**, die tief geprägt war vom Schicksal der Geschwister Scholl. In ihrem 1948 veröffentlichten Roman *Die größere Hoffnung* erzählt sie die Geschichte eines rassisch verfolgten Mädchens in der Hitlerzeit. Die Deportation ihrer Großmutter in ein Konzentrationslager ließ sie zeitlebens nicht los. „Wer die Toten vergisst, bringt sie noch einmal um. Man muss den Toten auf der Spur bleiben. Ich hab' die Verbindung zu meiner Großmutter. Sie hat eine gute Art, dazubleiben, wie Günter." Gemeint war ihr 1972 verstorbener Mann Günter Eich, den sie um mehr als 4 Jahrzehnte überlebte.

Mich hat erschüttert, was Ilse Aichinger 1996 – da war sie 75 und fast ein Vierteljahrhundert verwitwet – in einem Interview sagte. Iris Radisch hat es in den *Lebensendgesprächen* über *Die letzten Dinge* veröffentlicht. Da hatte die Schriftstellerin und Lyrikerin schon über 10 Jahre nichts mehr geschrieben. Aichinger erläutert in dem Gespräch, weshalb sie gern ins Kino ging: „Das Kino ist eine Form des Verschwindens. Man taucht ins Dunkel, man ist unsichtbar. Ich hatte schon als Kind den Wunsch zu verschwinden … Der Wunsch ist noch immer da. Ich habe es immer als eine Zumutung empfunden, dass man nicht gefragt wird, ob man auf die Welt kommen will. Ich hätte es bestimmt abgelehnt."

Gefragt, warum, antwortet sie: „Was man an Leiden mit ansehen muss." Der Anblick ihrer Großmutter im Viehwagen auf der Schwedenbrücke in Wien hat sich ihr in die Seele gebrannt. „Und die Leute um mich herum, die mit einem gewissen Vergnügen zugesehen haben."

Einmal sagt sie, dass sie die jung Gestorbenen beneide. Das wirke, so schreibt Iris Radisch, im Nachhinein gespenstisch. 2 Jahre nach dem Interview starb Ilse Aichingers Sohn an den Folgen eines Sturzes, mit 43 Jahren. 6 Jahre später im gleichen Alter, an gleicher Stelle und auf gleiche Weise ihr Herausgeber und jahrelanger Vertrauter. Da mutet es tragisch an, dass Aichinger selbst erst Ende 2016 verstarb, 95jährig.

Ein Gedicht Ilse Aichingers hält mich wach, gleicht es doch einem Rätselwort und einer theologischen Provokation. Ich fand es erst in diesem Jahr, als ich auf ein schmales Bändchen der Autorin stieß, das fast 20 Jahre unbeachtet in meinem Regal stand. Eine befreundete Ärztin hatte es mir geschenkt und als Widmung mitgegeben: „Durch und durch. Wir sind alle nur für kurz hier eingefädelt, aber das Öhr hält man uns seither fern, uns Kamelen."

6. In Hamburg lebend, steht auf meiner Geburtstagsliste natürlich ein Sohn dieser Stadt, der auf ganz andere Weise versehrt wurde durch die Schreckensherrschaft der Nazis: **Wolfgang Borchert**, geboren im Mai 1921. Den Krieg hat er mit Mühe überlebt – als Soldat wurde ihm wegen kritischer Bemerkungen der Prozess gemacht wegen sogenannter „Wehrkraftzersetzung". Vom Gefängnis wurde er zur „Frontbewährung" wieder in den Krieg geschickt, danach konnte er aus der Gefangenschaft fliehen und kam todkrank in seine in Trümmern liegende Heimatstadt. Als ich Anfang der 2000er-Jahre von der Kieler Förde beruflich in Hamburgs City wechselte, joggte ich öfter um die Alster – und hielt gegenüber dem Literaturhaus wiederholt erschüttert inne vor dem Gedenkstein mit diesem Zitat: „Wir sind die Generation ohne Bindung und Tiefe. Unsere Tiefe ist der Abgrund." In diesen Abgrund sieht Borchert in seinem Theaterstück *Draußen vor der Tür,* das einen Tag nach seinem Tod 1947 erstmals aufgeführt wurde. Als ich dieser Tage erneut in den Text schaute, war ich angefasst von der Aktualität und Zeitlosigkeit des Dramas. Im Vorspiel beobachtet ein Beerdigungsunternehmer einen Mann, der in die Elbe springt. In der Nähe steht einer, der verzweifelt weint. „Warum weinst du denn, Alter?" – „Weil ich es nicht ändern kann ... Oh, meine Kinder! Es sind doch alles meine Kinder!" – „Oho, wer bist du denn?" – „Der Gott, an den keiner mehr glaubt."

Im letzten Akt zieht der Protagonist, der als Borcherts Alter Ego erscheint, Bilanz: „Das ist das Leben! ... Ein Mann kommt nach Deutschland. Er kommt nach Hause ... Eine Tür schlägt zu, und er steht draußen." Dann mündet sein Monolog in einen einzigen Schrei einer gebrochenen Heimkehrer-Generation: „Soll ich mich weiter morden lassen und weiter morden? ... Wohin sollen wir denn auf dieser Welt! Verraten sind wir. Furchtbar verraten. Wo bist du, Anderer? Du bist sonst immer da! ... Wo ist der alte Mann, der sich Gott nennt? Wo seid ihr denn alle? ... Gebt doch Antwort! ... Gibt denn keiner, keiner Antwort???"

So endet Borcherts bekanntestes Stück – wie der Schrei Jesu am Kreuz.

Eine andere Geschichte Wolfgang Borcherts habe ich auf Weihnachtsfeiern vorgelesen, mit einem Funken Wärme in aller Trostlosigkeit: *Die drei dunklen Könige.* Da treten drei versehrte Kriegsheimkehrer in einen Raum, in dem sich ein Paar mit einem Neugeborenen an einem Herd wärmt. Immer wenn der Vater, der nicht weiß, wohin mit seiner Wut und Verzweiflung, die Ofentür aufmacht, fällt „eine Handvoll Licht über das schlafende Gesicht. Die Frau sagte leise: 'Kuck, wie ein Heiligenschein, siehst du?'"

7. Der Zufall will, dass mein Geburtstagsgedenken noch einen heiteren Ausblick bekommt. Denn vor 100 Jahren wurde **Paul Watzlawick** in Österreich geboren – ein „Ausreißer" unter den Jubilaren. Den Nazis als Soldat und widerständiger Übersetzer knapp entronnen, nahm er Reißaus in mehrfacher Hinsicht. Watzlawick wurde Kosmopolit. Der promovierte Philosoph und in Zürich ausgebildete Psychoanalytiker brach aus der klassischen Schule aus, ging nach Indien, integrierte Konzepte des Hinduismus und des

Yoga in seine Arbeit, folgte einem Ruf an die Universität El Salvador und wechselte Anfang der 1960er-Jahre ans Mental Research Institute in Palo Alto.

In meinem Studium der Erziehungswissenschaften stieß ich erstmals auf seine „Axiome zur menschlichen Kommunikation"; das wichtigste und grundlegende lautet: „Man kann nicht nicht kommunizieren." Auch mit Schweigen, Mimik und Körpersprache teilen wir uns mit. Sein konstruktivistischer therapeutischer Ansatz ist auch theologisch fruchtbar: Werde nicht zum Opfer deiner Vergangenheit. Mit trockener Lakonie bringt er das am Beispiel einer biblischen Figur so auf den Punkt: „Ein Vorteil des Festhaltens an der Vergangenheit besteht darin, dass es einem keine Zeit lässt, sich mit der Gegenwart abzugeben. Täte man das, so könnte es einem jederzeit passieren, die Blickrichtung rein zufällig um 90 oder gar 180 Grad zu schwenken und feststellen zu müssen, dass die Gegenwart nicht nur zusätzliche Unglücklichkeit, sondern gelegentlich auch Un-Unglückliches zu bieten hat … Hier blicken wir mit Bewunderung auf unsere biblische Lehrmeisterin, Frau Lot, zurück." Statt sich ins Leben zu retten, erstarrt Lots Frau beim Blick zurück zur Salzsäule. Das Zitat steht in Watzlawicks Bestseller *Die Kunst, unglücklich zu sein.* Auch die berühmte Geschichte mit dem Hammer findet sich dort: wie ein Mensch zum Opfer seiner eigenen Misanthropie wird.

Paul Watzlawick ist ein Meister der heiteren, erlösten Sicht auf sich selbst und die Welt. Ob ihm dabei der räumliche Abstand vom alten Kontinent, das mild-freundliche Pazifik-Klima und die entspannte Atmosphäre an den Universitäten seiner neuen kalifornischen Wahlheimat geholfen haben?

* * *

Säßen die 7 mit mir an einem Tisch und ich könnte ihnen danken für ihren Beitrag zu meinem Leben – gäbe es einen roten Faden, der alles verbindet? Ich mag das Bild vom Leben als Gewebe. Kein Faden bildet das Ganze ab, sondern die farbige Textur teils gerissener, teils wieder aufgenommener, teils neu aufgenommener Fäden, die sich je nach Blickwinkel zeigen. Nächstes Jahr ist das Bild anders. Der Versuch des Paulus ist grandios, die Wirklichkeit unseres In-der-Welt-Seins so zu umschreiben: Keinem von uns sei Gott fern, steht in der Apostelgeschichte: „Denn in ihm leben, weben und sind wir." Gott als Webmaster, als Web-Meister! Mein Leben hängt an keinem Faden, sondern: Da sind viele, die mich halten. Heute heißt das auch Resilienz. Schon der Prediger Salomo wusste: Eine dreifache Schnur reißt nicht leicht entzwei.

12. „I HAVE A DREAM"
Martin Luther King hat nicht ausgeträumt

(Festpredigt in der Martin Luther King-Kirchengemeinde Hamburg-Steilshoop am 20.1.2019. Von 1980-1987 hatte ich hier meine erste Pfarrstelle.)

Liebe Gemeinde,

Martin Luther King ist zur Ikone, zum Heiligenbild geworden. Doch das ist ein Problem. Es ist zwar großartig, dass die USA dem großen Bürgerrechtler seit über 30 Jahren (1986, ab 1993 in allen 50 Staaten) einen nationalen Gedenktag widmen, immer am 3. Montag im Januar. Es ist zwar großartig, dass in Washington – dort, wo King 1963 seine berühmte Rede „I have a dream" hielt – seit 2011 das von Barack Obama eröffnete „Martin Luther King Jr. National Memorial" steht. King ist damit auf Augenhöhe mit George Washington, Thomas Jefferson, Abraham Lincoln und Franklin D. Roosevelt. Und der erste Afro-Amerikaner, dem in Washington ein Denkmal gewidmet wurde.

Das ist das Eine, das Ikonografische, die offizielle Gedenkkultur. Doch die Kehrseite der Medaille? Ich fand diese Woche – am 15. Januar, also dem Tag, an dem 1929 King geboren wurde – in der *Washington Post* einen interessanten Kommentar. Der Kolumnist Peniel Joseph schreibt darin (hier folgt meine eigene Übersetzung): „Das radikale Vermächtnis Kings hört nicht auf, von seiner Ikonografie erdrückt zu werden – genau zu dem Zeitpunkt, wo wir es am dringendsten brauchen. King wird den Schulkindern und der amerikanischen Öffentlichkeit präsentiert als Anwalt der Gewaltlosigkeit, der ruhig rassische und soziale Reformen nach vorne schob und die schwarze Teilhabe ('citizenship') erreichte – vor seiner so frühen Ermordung."

Der Autor fährt fort: „Nichts könnte weiter von der Wahrheit entfernt sein. King handhabe das Schreckgespenst des gewaltfreien zivilen Ungehorsams sowohl als Schwert wie als Schutzschild in seinem unbeugsamen Streben nach schwarzer Teilhabe ... Er stellte die fundamentale Unfairness des Kapitalismus infrage, er kritisierte heftig den Vietnamkrieg, und er wetterte gegen ('railed against') Militarismus, Rassismus sowie Materialismus ... Er plante eine Kampagne massiven zivilen Ungehorsams in Washington unter dem Banner armer Menschen aller Hautfarben."

Und noch ein Satz aus diesem fulminanten Beitrag der *Washington Post* zu Kings 90. Geburtstag: „Kings Vermächtnis kann man heute wiedererkennen in der *Black Lives Matter Bewegung* und der daraus folgenden politischen Agenda, die eine massive Umverteilung von Reichtum und Ressourcen hin zu rassischer und ökonomischer Gerechtigkeit fordert."

Man kann noch tiefer in den amerikanischen Kontext eintauchen, sich z.B. erinnern, dass es 400 Jahre her ist, als 1619 in der Kirche von Jamestown, der ersten dauerhaften englischen Siedlung in Nordamerika, die erste gesetzgebende Versammlung in der Geschichte der USA stattfand – dem Jahr, in dem auch die ersten afrikanischen Sklaven an den Küsten von Jamestown im US-Bundesstaat Virginia angelandet wurden. Also schon im Ursprungsmythos der USA findet man: Beginn der Sklaverei und – nicht zu vergessen – die Vertreibung und Vernichtung der indianischen Urbevölkerung. Das alles einhergehend mit der Verbreitung des Christentums. Wahrhaft ein dunkles und schwieriges Kapitel ... Doch was hat das mit uns zu tun?

Ich selber war Schüler in der 12. Klasse, als MLK am 4. April 1968 ermordet wurde. Eine schreckliche Nachricht, die dazu beitrug, dass ich zum 68er wurde. Nach dem Abitur ging ich 1969 für ein freiwilliges soziales Jahr nach London, nahm dort erstmals an Kundgebungen gegen den Vietnamkrieg teil, besuchte die *London School of Nonviolance* in der Kirche am Trafalgar Square. Dort übten Mitarbeiter der amerikanischen Bürgerrechtsbewegung in Planspielen mit uns, wie man sich bei Demonstrationen gewaltfrei verhält und selbst in aufgeheizten Situationen nicht zurückschlägt. In der Konsequenz verweigerte ich den Kriegsdienst.

10 Jahre später, 1979, war ich im Rahmen meines Vikariats für 3 Monate als Krankenhausseelsorger in Brooklyn, New York. In einem Gottesdienst in Harlem begegnete ich einem der beiden King-Söhne.

Auf diesem Hintergrund kam ich 1980 gern in meine erste Pfarrstelle nach Steilshoop. Keine Martin Luther-Kirche, die gibt es öfter, sondern die Martin Luther King-Gemeinde, die war und ist einmalig in der nordelbischen bzw. der Nordkirche. Und der Name war für uns nicht Ikone, sondern Programm. Kein Konfirmand, der nicht den Dokumentarfilm *Dann war mein Leben nicht umsonst* zu sehen bekam, keine Konfirmation ohne *We shall overcome,* das Lied der Bürgerrechtsbewegung. Wir versuchten etwas Multikulturelles aufzubauen und eine neue Klangfarbe auch in die Gottesdienste zu bringen. Damals gab es viele chilenische Flüchtlinge im Stadtteil, die mit ihrer Kultur und Musik das Gemeindeleben bereicherten. In den Friedensdekaden organisierten wir Kriegsspielzeug-Tauschaktionen. Und wir erklärten das Gemeindehaus angesichts der Lagerung atomarer Waffen in Kellinghusen per Kirchenvorstandsbeschluss in einer symbolischen Aktion zur „atomwaffenfreien Zone" – sind die Schilder eigentlich noch da? Wir beteiligten uns an Aktionen zivilen Ungehorsams und gewaltfreien Blockaden am Gelände des geplanten Atomkraftwerks in Brokdorf und gerieten öfter zwischen die Fronten gewaltbereiter Demonstranten und der Polizei.

Da war viel Pathos bei, manche Überheblichkeit und Selbstgerechtigkeit. Aber eben auch viel Ethos – die Überzeugung MLKs, dass der Glaube auch nach draußen auf die Straßen getragen werden muss.

Und heute? Wie kleinmütig sind wir geworden! Nicht nur „die Kirche", sondern wir als Christenmenschen, und ich schließe mich da ein. Erdrückt auch bei uns die Heiligenfigur das radikale, noch längst nicht eingelöste Programm MLKs? Sind wir müde und bequem geworden?

Ich habe in Vorbereitung auf diesen Gottesdienst noch einmal viele von Kings Reden und Aufsätzen gelesen. Besonders hat mich sein Brief aus dem Gefängnis 1963 gepackt, in dem sich King sehr persönlich an acht weiße Geistliche aus Birmingham, Alabama, wendet, deren Stellungnahme gegen King in einer Zeitung abgedruckt war. Es war seine 13. Verhaftung. Diesmal verweigerte man ihm sogar Papier zum Schreiben, sodass er seine Antwort auf den Vorwurf, die Bürgerrechtler seien „Extremisten", an den Rand der Zeitung und auf Papierfetzen kritzelte, die aus dem Gefängnis geschmuggelt und veröffentlicht wurden. Sie machten King über Nacht bekannt.

Ich finde den Brief auch heute, Jahrzehnte später, hochaktuell. Er hält uns einen Spiegel vor – und wirft einen Blick auch auf unsere jetzigen Weltprobleme, ob wir an Flüchtlinge denken oder den dramatischen Klimawandel. Darin schreibt King: „Die Menschheitsgeschichte ist die lange und tragische Geschichte der Tatsache, dass Privilegierte ihre Privilegien selten freiwillig aufgeben ... Wir wissen aus schmerzlicher Erfahrung, dass der Unterdrücker dem Unterdrückten niemals freiwillig die Freiheit gibt. Der Unterdrückte muss sie fordern ... Seit Jahren höre ich nun schon das Wort 'warte'! ... Wir müssen endlich erkennen, dass eine zu lange aufgeschobene Gerechtigkeit einer verweigerten Gerechtigkeit gleichkommt ..."

Dann wendet sich MLK direkt an die Kollegen: „Sie bezeichnen unser Vorgehen als extremistisch. Zuerst war ich ziemlich enttäuscht, dass Amtsbrüder meine gewaltlosen Bemühungen für die eines Extremisten ansahen. Ich machte mir Gedanken darüber, dass ich eigentlich in der Mitte zwischen zwei widerstreitenden Mächten … stehe. Die eine ist die Macht der Trägheit … die andere Macht ist die der Bitterkeit und des Hasses … Es gibt noch einen besseren Weg, den der Liebe und des gewaltlosen Protestes …"

War nicht Jesus ein Extremist der Liebe? „Liebt eure Feinde; segnet, die euch fluchen …" War nicht Amos ein Extremist der Gerechtigkeit? „Es soll das Recht offenbar werden wie Wasser und die Gerechtigkeit wie ein starker Strom …" War nicht Martin Luther ein Extremist? „Hier stehe ich, ich kann nicht anders, Gott helfe mir …" War nicht Abraham Lincoln ein Extremist? „Diese Nation kann nicht weiterleben – zur Hälfte Sklaven, zur Hälfte Freie." Und war nicht auch Thomas Jefferson ein Extremist? „Wir halten es für selbstverständlich, dass alle Menschen gleich geschaffen sind." Es geht also nicht darum, **ob** wir Extremisten sind, sondern **was** für Extremisten wir sind. Sind wir Extremisten des Hasses oder der Liebe?

In dem Schreiben äußert King auch seine Enttäuschung über die weiße Kirche und deren Führer, die „sich hinter der einschläfernden Sicherheit bunter Kirchenfenster nicht zu rühren wagten … Ich habe erlebt, wie die Kirche inmitten schreiender Ungerechtigkeiten gegen Schwarze abseits stand …"

Und noch einige Sätze aus dem langen Brief: „Ich wurde in den letzten Jahren von den gemäßigten Weißen zutiefst enttäuscht. Ich bin beinahe zu dem Schluss gekommen, dass das große Hindernis auf dem Wege des Schwarzen in die Freiheit nicht der weiße Bürgerrat oder der Ku-Klux-Klan ist, sondern der gemäßigte Weiße, dem ‚Ordnung' mehr bedeutet als Gerechtigkeit … Lauwarme Anerkennung ist irreführender als völlige Ablehnung."

Gehören wir zu den „Lauwarmen", Vorsichtigen, oder den Mutigen? In der Offenbarung steht im 3. Kapitel: „Weil du lau bist und weder kalt noch warm, werde ich dich ausspeien aus meinem Mund. Du sprichst: ‚Ich bin reich, habe satt und bedarf nichts', und weißt nicht, dass du elend und jämmerlich bist, arm, blind und bloß." Wie kommt man raus aus dem Lauwarmen?

Heute liest man in Gesundheitsratgebern, man müsse raus aus der Komfortzone, müsse den inneren Schweinehund überwinden, die eigene Bequemlichkeit besiegen, Sport treiben, weniger essen und trinken etc. Und ich frage uns: Gilt das nicht auch für unser seelisches Wohlbefinden sowie für die existenzielle Frage, wozu wir leben?

Raus aus der Komfortzone! Dazu fällt mir ein Buch der jüngsten Tochter von MLK ein, Bernice King, 1963 geboren. Ich fand es in meinem Regal, überraschenderweise mit einer persönlichen Widmung von ihr aus dem Sommer 2000. Dann fiel es mir wieder ein: Ich war damals Pastor in Altenholz und besuchte das Konzert zur Eröffnung des Schleswig-Holstein-Musik-Festivals mit dem Schwerpunkt Amerika in der Kieler Ostseehalle. Da sprach Bernice King ein Grußwort. Am anschließenden Büchertisch sprach ich sie an. In ihrem Buch *(Hard Questions, Heart Answers)*, das ich dort kaufte, prägt sie die Formel, mit der sie unsere Aufgabe auf den Punkt bringt: „DISTURBING THE COMFORTABLE, COMFORTING THE DISTURBED", frei übersetzt: „Die in der Komfortzone stören, die Verstörten trösten".

Erinnern wir uns: Die Bürgerrechtsbewegung von Martin Luther King begann, weil Rosa Parks diejenigen störte, die sich komfortabel zurücklehnten. Diese schwarze Frau weigerte sich eines Tages, einem tiefen inneren Impuls folgend, für einen weißen Fahrgast im Bus ihren Sitzplatz zu räumen. Deshalb wurde sie im Dezember 1955 in Montgomery verhaftet.

Wo müssten **wir** raus aus der Komfortzone und uns widersetzen? Wo müssten wir, die wir uns ziemlich komfortabel eingerichtet haben, aufschrecken? Und andere wachrütteln? Denn das muss sein. Sonst bleiben wir stehen, mehr noch: Sonst fallen wir zurück, egal, ob beim Thema weltweiter und lokaler Gerechtigkeit oder der ungebremsten Mitweltzerstörung. Beides hängt zusammen.

Nur ein Beispiel aus meiner persönlichen Komfortzone: Ich war im letzten Sommer Bordseelsorger auf einem Kreuzfahrtschiff. Und ich habe mir geschworen: Es war das letzte Mal. In der Komfortzone des Luxusschiffs machte ich gottesdienstliche und seelsorgerliche Dienste, schön und gut. Doch ich begriff mehr und mehr: Unter Deck arbeiteten die philippinischen Männer und Frauen wie Sklaven für einen Hungerlohn non stop, 9 Monate von ihren Familien getrennt – deshalb fahren deutsche Unternehmen unter ausländischer Flagge. Und ökologisch betrachtet, sind diese Schiffe schwimmende Müllverbrennungsanlagen und Klimakiller. 40 % der Luftverschmutzung in Hamburg kommt aus dem Hafen.

Oder ein Beispiel aus unser aller Komfortzone, im *Hamburger Abendblatt* zu lesen in einem Interview mit Entwicklungsminister Gerd Müller, der in der Bundesregierung kaum Gehör fand. Er sagte: „Es ist doch unglaublich, dass im Jahr 2019 noch immer Kinderarbeit in Produkten deutscher Unternehmen stecken kann: in unserer Kleidung von der Unterhose bis zu den Schuhen und auch beim Essen. 150 Millionen Kinderarbeiter gibt es weltweit – das ist fast jedes zehnte Kind! Untersuchungen zeigen, dass für unseren Wohlstandskonsum pro Deutschem durchschnittlich 50 Menschen in den Entwicklungsländern unter sklavenähnlichen Bedingungen arbeiten müssen."

Ich komme zum Schluss. Wir gedenken Martin Luther Kings in der Epiphaniaszeit. Das macht Sinn. Epiphanias heißt, dass etwas erscheint, etwas aufleuchtet, was wir bisher nicht gesehen haben. Wir haben eingangs die entsprechenden biblischen Verse aus dem Jesaja-Buch zusammen gelesen und mit dem Kanon bekräftigt: „Mache dich auf und werde licht." Sich öffnen, sich nicht länger wegducken und das Unrecht schlucken, sondern sich mutig zeigen. So wird ein Mensch licht, so bekommt ein Mensch ein Gesicht mit Würde und Ausstrahlungskraft.

Wie Rosa Parks. Oder die 25jährige Jesidin Nadia Murad, die – wie Martin Luther King 1964 – den Friedensnobelpreis erhielt für ihre Unerschrockenheit. Gut, dass diese Frau nicht abgeschoben wurde als Flüchtling, sondern ein Gesicht bekam, Vorbild für Unzählige. Oder Greta Thunberg. Sie stellte sich entschlossen vor die Delegierten der Weltklimakonferenz in Kattowitz, fand klare Worte und ist nun das Gesicht einer weltweiten Schülerbewegung: Wir reichen Länder müssen uns bewegen, raus aus der Komfortzone.

Machen wir uns auf. Wir sind die Erben MLKs. Wir stehen in der Tradition der biblischen Propheten, die Gerechtigkeit einfordern. Wir verstehen uns als Boten Jesu, eines Extremisten der Liebe.

Machen wir uns auf. Machen wir uns immer wieder auf den Weg.

Wer das tut, so geht die biblische Zusage weiter, dem wird versprochen: Dann beginnst du selber zu leuchten. „Dann strahlt euer Glück auf wie die Sonne am Morgen, und eure Wunden heilen schnell; eure guten Taten gehen euch voran, und meine Herrlichkeit folgt euch als starker Schutz." (Jes 58,8)

Amen.

13. DER LANGE WEG ZUR FREIHEIT
Nelson Mandela als Kämpfer & Versöhner

(NDR KULTUR am 15.7.2018)

Im Frühjahr 1982 veröffentlichte Paul McCartney, der bekannte Beatle, gemeinsam mit dem US-amerikanischen Sänger Stevie Wonder *Ebony and Ivory*. In wenigen Monaten kletterte das Lied in England, den USA und Deutschland an die Spitze der Charts. Ebony and Ivory, also Ebenholz und Elfenbein, symbolisieren das perfekte Zusammenspiel der schwarzen und weißen Klaviertasten. Ein schönes Gleichnis. Wer hinhört, erkennt sofort den antirassistischen Appell, der direkt auf das System der Apartheid in Südafrika zu zielen schien. Sogar ein Gebetsruf wird angestimmt: „Ebony and ivory live together in perfect harmony side by side on my piano keyboard; oh Lord, why don't we?" – „Ebenholz und Elfenbein leben in perfekter Harmonie Seite an Seite auf meinem Piano-Keybord; oh Gott, warum tun wir das nicht?"

In Südafrika stand das Lied auf dem Index, es durfte im Radio nicht gespielt werden. Offizielle Begründung: Stevie Wonder, bekannt auch als schwarzer Bürgerrechtler, hatte einen renommierten Musikpreis angenommen – „im Namen Nelson Mandelas".

Frühjahr 1982. Mandela ist zu diesem Zeitpunkt bereits 18 Jahre inhaftiert – auf der berüchtigten Gefängnisinsel Robben Island nahe Kapstadt. Man wollte ihn dauerhaft verbannen und komplett aus der Erinnerung tilgen. Doch der Kämpfer gegen die Apartheid verlor während der insgesamt 27jährigen Haft nicht an Popularität, im Gegenteil. Er wurde zum berühmtesten politischen Gefangenen der Welt. Zum einen war das seiner Frau Winnie zu verdanken: Sie hatte der Regierung unerschrocken die Stirn geboten und unermüdlich Mandelas Freilassung gefordert.

Zum anderen hatte Mandelas letzte öffentliche Rede großen Eindruck hinterlassen. Er, der erste schwarze Anwalt Südafrikas, hatte im Rivonia-Prozess 1964 darauf bestanden, das Schlussplädoyer der Verteidigung selbst zu halten. Einen großen Teil der Rede widmete Mandela der materiellen Not der Schwarzen, die fast 80 % der Bevölkerung ausmachten. Aufgrund der Rassentrennung verblieben ihnen jedoch nur 17 % des Landes. Die Forderung nach gesellschaftlicher Teilhabe und freien Wahlen machte der weißen Minderheit Angst. Mandela wörtlich: „Sie lässt den weißen Mann die Demokratie fürchten. Aber diese Furcht darf der einzigen Lösung nicht im Wege stehen, die Harmonie zwischen den Rassen und Freiheit für alle garantiert ... Die politische Trennung nach Hautfarbe ist völlig willkürlich. Wenn sie verschwindet, wird auch die Dominanz einer Hautfarbengruppe über die andere verschwinden."

Am Schluss wandte sich Mandela direkt an den vorsitzenden Richter – mit Sätzen, in denen er sich im Sinne der Anklage als schuldig bekannte; mit einem Credo, das sein Vermächtnis hätte werden können: „Mein höchstes Ideal ist eine freie und demokratische Gesellschaft, in der alle in Harmonie und mit gleichen Chancen leben können. Ich hoffe, lange genug zu leben, um dies zu erreichen. Aber, Mylord, wenn nötig, ist dies ein Ideal, für das ich zu sterben bereit bin."

Mandela hatte den Spieß umgedreht, seine Rede wurde zur Anklage und Abrechnung mit der Apartheidpolitik. Das Presse-Echo machte ihn weltberühmt. Die Regierung wollte Mandela nicht zum Märtyrer machen. Das gab den Ausschlag, ihn und die anderen führenden Köpfe des ANC, des Afrikanischen Nationalkongresses, zu isolieren.

Der Gefangene erlebte auf Robben Island die totale Isolation. Keine Zeitung. Kein Radio. Briefe wurden zensiert oder nicht ausgehändigt, Besuche waren in den ersten 10 Jahren nur halbjährlich möglich, für je 30 Minuten. Mandelas Zelle maß etwas mehr als 5 Quadratmeter, als Toilette diente ein Blecheimer mit Deckel. Die Gefangenen wurden mit willkürlichen Appellen schikaniert; entwürdigend und gefährlich war das Arbeiten im Steinbruch. Nur langsam ließen sich Verbesserungen erkämpfen. Es dauerte 21 Jahre, ehe Mandela bei Besuchen nur die Hand seiner Frau berühren durfte. Wie hat er das ausgehalten? Woher nahm er die Entschlossenheit, sich beharrlich und erhobenen Hauptes gegen die täglichen Demütigungen zu wehren?

Ein Schlüssel liegt in seiner Kindheit. Man könnte meinen, ihm wurde schon bei der Geburt am 18. Juli 1918 ein rebellischer Geist in die Wiege gelegt. Sein Vater gab ihm den Namen Rolihlahla, was „am Ast eines Baumes ziehen" heißt und umgangssprachlich „Unruhestifter" bedeutet. Den Namen „Nelson" bekam er erst mit der Taufe und dem Schulbeginn an einer englisch geprägten Methodistenschule. Übrigens blieb er zeitlebens Mitglied dieser Kirche. Nach dem frühen Tod des Vaters – Mandela war gerade 9 – wurde er vom Stammesoberhaupt der Thembu adoptiert.

Innerhalb dieses Stammes gehörten die Mandelas zum Madiba-Clan, benannt nach einem Thembu-König aus dem 18. Jahrhundert. Das ist interessant, da viele Bewunderer den späten Mandela respektvoll mit „Madiba" ansprachen, was in Xhosa „der Füller von Gräben" oder „Versöhner" heißt.

Doch als junger Mann zeigte sich Mandela rebellisch. Sein Drang nach Freiheit, Würde und Selbstbestimmung war größer als seine Bereitschaft, sich der Tradition unterzuordnen. Er riskierte den Bruch mit seiner Familie, als er vor der bereits arrangierten Zwangsverheiratung nach Johannesburg floh. Erst dort wurde er mit der Brutalität der Rassentrennung konfrontiert.

In seiner Autobiografie *Der lange Weg zur Freiheit* schreibt er rückblickend: „Ich kann nicht genau angeben, wann ich politisiert wurde ... Es war eine ständige Anhäufung tausender Dinge ... die Wut in mir erzeugten, das Verlangen, das System zu bekämpfen, das mein Volk einkerkerte."

Er tat es einfach. Je mehr die seit 1948 regierende National-Party die Vorherrschaft der Weißen mit Apartheid-Gesetzen absicherte, desto entschlossener wurde der Widerstand Mandelas und des ANC, zu dessen führenden Köpfen er avancierte. Immer wieder wurde er inhaftiert, unter Bann oder Hausarrest gestellt, was ihn nicht daran hinderte, friedliche Massenproteste zu organisieren. Diese wurden immer öfter brutal niedergeschlagen.

Als Wendepunkt in der Geschichte Südafrikas gilt der 21. März 1960: In Sharpville endete der gewaltfreie Protest Tausender Schwarzer gegen diskriminierende Passgesetze in einem Massaker, 69 Menschen starben im Kugelhagel der Polizei. Es war einer der vielen vergeblichen Versuche, die Regierung mit Streiks und Aktionen zivilen Ungehorsams zur Gründung einer nicht-rassistischen Republik zu bewegen. Stattdessen wurde der ANC verboten und Südafrika zum Polizeistaat. Mandela schreibt in seiner Biografie: „Wenn die Reaktion der Regierung darin besteht, mit nackter Gewalt unseren gewaltlosen Kampf zu zermalmen, so werden wir unsere Taktik zu überdenken haben."

Die Zeit der friedlichen Umwälzungsversuche war beendet. Im Dezember 1961 wurde Mandela Anführer des bewaffneten Flügels des ANC, *Speer der Nation*, der beschloss, Sabotageakte durchzuführen.

Mandela tauchte in den Untergrund ab. Zeitweise war er auch im Ausland, um Unterstützung für den Freiheitskampf zu mobilisieren. Im August 1962 wurde er verhaftet. Es kam zum „Rivonia"-Prozess, bei dem Mandela 1964 die bereits erwähnte Rede hielt, die später unter dem Titel *I am prepared to die* in die Geschichtsbücher eingehen sollte.

Eine Frage drängt sich in diesem Zusammenhang auf: Wie hat Mandela die endlos lange Zeit der Haft, mehr als 25 Jahre, überstanden, sich darin sogar entwickelt zu einem Mann mit großem Charisma? „Manche Menschen formt das Gefängnis", sagte er später, „manche zerbricht es." Ihn haben die Jahre zweifelsohne geformt. Fünf Faktoren scheinen dafür wesentlich:

1. Mandelas unglaubliche Disziplin. Er, der in früheren Jahren zeitweise eine Boxerkarriere geplant hatte, begann jeden Tag frühmorgens mit einer Stunde Sport. Selbst in der kleinen Zelle joggte er eine halbe Stunde auf der Stelle, machte 100 Liegestütze, 50 Sitzbeugen und andere Übungen. „Ich war immer überzeugt, dass Bewegung nicht nur der Schlüssel zu körperlicher Gesundheit ist, sondern auch zum Frieden der Seele."
2. die mentale Klarheit, das Vertrauen in die Kraft des Wortes. In den aussichtslosesten Momenten seiner Haft rezitierte er für sich und seine Mitgefangenen ein Gedicht des britischen Schriftstellers William Ernest Henley. Der Titel *Invictus* – also *Unbezwungen, Unbesiegt* – wurde auch für eine der Verfilmungen von Mandelas Vita benutzt. Das Gedicht endet:
   „It matters not how strait the gate,
   How charged with punishments the scroll.
   I am the master of my fate:
   I am the captain of my soul."
   „Es zählt nicht, wie eng das Tor ist,
   Wie belastet mit Strafen die Dokumente.
   Ich bin der Meister meines Schicksals:
   Ich bin der Kapitän meiner Seele."
   In seiner Autobiografie lesen wir: „Ich habe festgestellt, dass man das Unerträgliche ertragen kann, wenn man die Stärke seines Geistes bewahren kann, auch dann, wenn der Körper gefordert wird."
3. Mandelas stete Bildung und Fortbildung. Bücher und Zeitschriften unterlagen zwar strenger Zensur. Doch er las alles, was er in die Hände bekam: Antike Literatur, Shakespeare – viele Stücke wurden im Gefängnis zur Aufführung gebracht, die Geschichte der Buren. Mandela lernte sogar das bei Schwarzen verhasste Afrikaans.

4. der Garten. „Während meiner Haft auf Robben Island hatte ich die Behörden von Anfang an um die Erlaubnis gebeten, auf dem Gefängnishof einen Garten anzulegen." Mandela baute Tomaten, Chilis und Zwiebeln an, bestellte Bücher über Gärtnerei und Pflanzenzucht. Das Gärtnern „bot eine einfache, aber dauerhafte Zufriedenheit. Das Gefühl, der Verwalter dieses kleinen Stückchens Erde zu sein, beinhaltete einen Hauch von Freiheit."
5. eine besondere Form der Kommunikation: im Gespräch bleiben, dem anderen zuhören, die Bedürfnisse und Ängste auch der brutalsten Aufseher erkennen – und darauf antworten. Er beschreibt diesen Stil in seiner Autobiografie so: „Um mit einem Gegner Frieden zu schließen, muss man mit ihm zusammenarbeiten, und der Gegner wird dein Freund."

Mandela trug sein Christsein nicht auf den Lippen, sondern im Herzen. Er praktizierte Feindesliebe, besser: „Entfeindungsliebe", wie der jüdische Theologe Pinchas Lapide das Gebot Jesu übersetzte. Entfeindung ist nichts Naives oder Romantisches, sondern harte Arbeit, an sich selbst und mit anderen. Sie ist pragmatisch und „Not wendend". Das bezeugen viele Mithäftlinge und Gefängnisbedienstete. Sie entwickelten Hochachtung und Sympathie für Mandela, manchen blieb er in Freundschaft verbunden.

Mandela ist in der Haft gereift. Als sich Anfang 1990 die Gefängnistore für ihn öffnen, ist er ein wahrhaft freier Mann, auch in dem Sinn, wie er es selber formulierte: „Wer Hass verspürt, kann nie frei sein." Aus Rolihlahla, dem Unruhestifter, war über die Jahre Madiba, der Versöhner, geworden.

Aber Mandela wollte keine Versöhnung um jeden Preis. In den letzten 10 Jahren seiner Gefangenschaft wurde ihm mehrmals Haftentlassung angeboten – doch stets war sie an Bedingungen geknüpft. Weltweite Resonanz fand der Brief, den Mandelas Tochter Zindzi 1985 im Ellis-Stadion von Soweto verlas, die Antwort ihres Vaters auf das entsprechende Angebot von Präsident Botha. Es war Mandelas erste öffentlich gemachte Botschaft seit seinem Haftantritt. Darin heißt es:

„Ich bin überrascht über die Bedingungen, welche die Regierung mir auferlegen will. Ich bin kein gewalttätiger Mensch ... Botha soll zeigen, dass er anders ist als seine Vorgänger. Er soll auf Gewalt verzichten. Er soll sagen, dass er die Apartheid abschafft. Er soll alle befreien, die wegen ihrer Opposition gegen die Apartheid gefangen, verbannt oder im Exil sind. Er soll freie politische Aktivität garantieren, damit die Menschen entscheiden können, wer sie regieren soll … Nur freie Menschen können verhandeln. Gefangene können keine Verträge schließen. Ich kann und werde nichts unternehmen, solange ich und ihr, das Volk, nicht frei seid. Eure Freiheit und meine Freiheit sind nicht zu trennen. Ich werde wiederkommen."

Und er kam wieder. Doch das dauerte – 5 weitere Jahre mit zähen und geheimen Verhandlungen, ehe Mandela, nach Aufhebung des ANC-Verbots, freikam, ohne Bedingungen. Inzwischen war Präsident Botha von Frederik Willem de Klerk abgelöst worden, mit dem Mandela dann die ersten freien Wahlen Südafrikas verhandelte, aus denen er 1994 als Sieger hervorging.

Doch zuvor stand Südafrika jahrelang am Rand eines Bürgerkrieges. Bewusst wurde von Hardlinern der Apartheid Gewalt zwischen verschiedenen Ethnien der schwarzen Bevölkerung geschürt und mit Waffen sowie Geld befeuert.

Stephan Bierling, Professor für Internationale Beziehungen an der Universität Regensburg und Südafrika-Experte, legte Anfang dieses Jahres ein umfängliches Mandela-Buch vor. Darin heißt es: „In einer Zeit, in der Putin und Erdogan ihre Demokratien zu Diktaturen umbauen, in der Assad seine Bürger mit Giftgas und Fassbomben massakriert, in der Le Pen und Trump ihre Gesellschaften spalten und radikalisieren, erscheint die Leistung Mandelas, sein Land vom Abgrund des Bürgerkrieges zurückgerissen, verfeindete Gruppen versöhnt und eine multirassische Gesellschaft propagiert zu haben, umso gewaltiger."

„Ebony and Ivory live together in perfect harmony" – es gab zu Beginn des neuen Südafrikas tatsächlich Sternstunden, in denen sich dieser Traum erfüllte. Im Land am Kap der guten Hoffnung leben nicht nur Schwarze und Weiße, sondern viele andere Einwanderer- und Stammeskulturen. Es war Erzbischof Desmond Tutu – 1996 bis 1998 Vorsitzender der *Wahrheits- und Versöhnungs-Kommission* – der den Begriff „Rainbow Nation", „Regenbogennation", prägte: das Hoffnungsbild eines farbenfrohen, multiethnischen Südafrikas. Mandela nahm diesen Begriff in seiner Amtszeit auf: „Jeder von uns ist aufs Engste mit dem Boden dieses schönen Landes verbunden (wie der berühmte Jacaranda-Baum Pretorias und der Mimosen-Baum des Buschlands) – eine Regenbogennation in Frieden mit sich und der Welt."

Davon ist Südafrika heute leider weit entfernt. Wenn sich die Welt seines 100. Geburtstags erinnert, wird man Nelson Mandela schmerzlich vermissen. Doch vielleicht, so Stephan Bierling in seinem Buch, kann er „erneut zu einer moralischen Instanz für Südafrika werden, die er zu seinen Lebzeiten war – und die er international noch immer ist".

Barack Obama jedenfalls, ehemaliger US-Präsident, setzte ein Zeichen: Als Reaktion auf rechtsextreme Ausschreitungen in Charlotteville twitterte er ein Zitat Mandelas, das millionenfach angeklickt und zum meistgelikten Eintrag in der Geschichte des Kurznachrichtendienstes wurde:

„Niemand wird geboren, um einen anderen Menschen wegen seiner Hautfarbe, seiner Lebensgeschichte oder seiner Religion zu hassen. Menschen müssen zu hassen lernen, und wenn sie zu hassen lernen können, dann kann man sie auch lehren zu lieben, denn Liebe empfindet das menschliche Herz viel natürlicher als ihr Gegenteil."

* * *

Buchhinweis: Stephan Bierling: Nelson Mandela. Rebell – Häftling – Präsident. C.H.Beck Verlag.

14. WENN DAS ALTE NICHT MEHR TRÄGT
Glaubensüberzeugungen auf dem Prüfstand

(NDR KULTUR vom 21.-26.7.2021)

I. Gern habe ich bei 70. Geburtstagen ein Gedicht von Bertolt Brecht zitiert. In der *Legende von der Entstehung des Buches Taoteking auf dem Wege des Laotse in die Emigration* heißt es: „Als er 70 war und war gebrechlich, drängte es den Lehrer doch nach Ruh. Denn die Güte war im Lande wieder einmal schwächlich und die Bosheit nahm an Kräften wieder einmal zu. Und er gürtete den Schuh …" Als ihn ein Zöllner aufhält und wissen will, ob der Lehrer neue Einsichten gewonnen habe, antwortet der Knabe, der den Ochsen führt: „Dass das weiche Wasser in Bewegung mit der Zeit den mächtigen Stein besiegt. Du verstehst, das Harte unterliegt."

Heute, da ich die 70 selber überschritten habe, frage ich mich manchmal: Stimmt das überhaupt? Das Harte unterliegt? Wo denn? Ja, das weiche Wasser in Bewegung besiegt den mächtigen Stein. Wer will das bestreiten. Doch das dauert ewig. Auch der Wind schleift über Jahrtausende den harten Fels. Doch gilt das auch für den Lauf der menschlichen Geschichte? Mehr noch: für meine persönliche Biografie? Selbst Laotse scheint Zweifel an seiner Weisheit zu haben, denn er stiehlt sich heimlich davon, geht in die Emigration. Die weichen Kräfte wie Mitgefühl und Güte schwächeln.

Siegt also die Bosheit? Wenn ich mich heute in der Welt umschaue, ob in Hongkong, China, Myanmar, Belarus: Setzt sich nicht überall die Härte durch, oft mit brutaler militärischer Gewalt gegenüber friedlichen Demonstranten? Woher nehme ich die Chuzpe, das Gegenteil zu behaupten. *We shall overcome* … Wann denn? Am St. Nimmerleinstag?

Auch das persönliche Leben ist fragil, nicht erst im Alter, es kann zerbrechen an Schicksalsschlägen. „Love is not a victory march", Liebe und Güte sind kein Siegeszug, sang der alte Leonard Cohen. Weshalb ihm nur ein gebrochenes Halleluja über die Lippen kam. Und Jesus: Er starb mit einem Schrei. Woher nahm der Evangelist Johannes die Kühnheit, ihn gelöst sein Leben aushauchen zu lassen mit den Worten: „Es ist vollendet!" Es kann sein: Mitten im Schmerz leuchtet – blitzartig – eine tiefere, tröstliche Wahrheit auf.

II. Ich mag nicht, wenn jemand vom „lieben Gott" redet. Woher wissen wir, wie Gott ist? Nur lieb? Oder abgrundtief verborgen, rätselhaft und manchmal unheimlich? Mir gefällt, dass es im Judentum eine Scheu gibt, Gottes Namen auszusprechen. Auch uns als Christen ist der Name heilig. Gleich in der ersten Bitte des Vaterunsers wird das betont. Das Gottesgeheimnis ist unantastbar, unverfügbar. Schon gar nicht sollten wir es vereinnahmen. Mir läuft immer ein Schauder über den Rücken, wenn ich an die „Gott mit uns"-Koppelschlösser aus dem Ersten Weltkrieg denke. Oder an all die selbsternannten Gotteskrieger heute, nicht nur im Islam.

Die Anmaßung, zu behaupten, hinter einer Katastrophe stehe ein Strafgericht Gottes, gibt es auch unter evangelikalen Christen. Woher wissen die das? Und umgekehrt gilt für mich das Gleiche: Woher nehmen aufgeklärte Christen, zu denen auch leitende Geistliche zählen, die Gewissheit, dass Gott nichts mit einer Katastrophe zu tun habe, weil man Gott damit verdunkle, der doch nichts als gut und Liebe sei?

Ich denke an Menschen, die Schreckliches erlebt haben. Zu denen gehört Fridolin Stier. Das war ein katholischer Pfarrer, der aus dem Dienst entfernt wurde, weil er sich zu seiner unehelichen Tochter bekannte. Die starb bei einem tragischen Autounfall. Durch zwei posthum veröffentlichte Bücher mit tagebuchähnlichen Aufzeichnungen wurde er über die theologische Fachwelt hinaus bekannt. Darin erzählt er: Ein Pfarrer sah ein funkelnagelneues Bildstöckl – ein „Marterl", ein hölzernes Kreuz – da, wo die Balken sich schneiden; ein Brettchen, eine schwarze Wolke draufgemalt, ein gelber Blitz daraus zuckend, darunter geschrieben: „An dieser Stelle hat Gott meinen Mann Andreas mit einem Blitz erschlagen." Darauf stellt der Pfarrer die Witwe zur Rede: „Ich möchte, dass Sie es entfernen, wenigstens die Aufschrift ändern." – „Warum ändern? Es ist doch die Wahrheit!" – „Nein", erwiderte der Pfarrer, „die Wahrheit ist es nicht, es ist eine Anklage Gottes, eine Lästerung, ein Ärgernis! Tun Sie's weg!" – „Nein, es bleibt! Es ist die Wahrheit, wie ich sie erfahre. Eine Anklage, sagen Sie, ja. Ich klage vor Gott gegen Gott, aber lästere ich?"

Ich stimme dieser Frau zu. Wie Fridolin Stier. Das Kreuz, das viele Menschen zu tragen haben, ist und bleibt ein Ärgernis – ein Skandal, der Gott in Frage stellt.

III. Wenn man über 70 ist, beginnt man zu bilanzieren. In einem Psalm heißt es: „Unser Leben währt 70 Jahre, und wenn es hochkommt, werden's 80." Was daran köstlich war, sei nichts als vergebliche Mühe. Dem mag ich nicht uneingeschränkt zustimmen. Dazu kommt, dass ich das Privileg genieße, ohne Altersarmut und bei guter Gesundheit leben zu dürfen. Dafür danke ich täglich in meinem Morgengebet beim Lauf an der Elbe.

Ich muss dabei manchmal an Peter Rühmkorf denken, der nicht weit von mir in Övelgönne am Elbstrand lebte. In einem Interview, das er mit 70 gab, sagte er: „Allerletzten Endes weiß ich natürlich, dass wir hier ein winziges verschontes Idyll genießen, das man auch einen Altenteilerhochsitz in einem Weltmeer von Blut nennen könnte."

Wie an Gott glauben angesichts schreienden Unrechts in der Welt? Auch persönliche Schicksalsschläge nagen an der Gottesfrage. Als mein jüngster Bruder in einer Lawine starb – vor 40 Jahren, er war 25 – und meine Eltern in der Todesanzeige schreiben wollten: „Gott, der Herr, hat ihn aus dem Leben gerufen", bäumte sich in mir alles auf. Wieso sollte Gott das getan haben? Woher wissen wir das? Vielleicht hat er über dieses Unglück geweint wie wir? Damals erinnerte sich meine Mutter an Andreas' Konfirmationsspruch: „Lass dir nicht grauen und entsetze dich nicht. Denn ich bin bei dir in allem, was geschieht." Diesen Vers aus dem Josua-Buch haben wir schließlich auf die Todesanzeige gesetzt, dazu die Worte: „Grauenvoll und entsetzlich ist dieser Tod. Wir suchen Trost in seinem Konfirmationsspruch."

Haben wir den gefunden? Er ist mir nah, mein Bruder, bis heute. Bei unzähligen Trauergesprächen während meiner Berufszeit weinte ich auch um ihn. Kürzlich saß ich mit meiner Schwester zusammen, wir kamen auf diesen Verlust zu sprechen. Und erinnerten uns des Momentes, als wir drei verbliebenen Geschwister an jenem eiskalten, tief verschneiten Januartag 1979 auf einer Bank saßen vor der Kapelle, in der sich der Sarg befand. Damals setzte sich ein kleiner Vogel auf einen Zweig über uns und begann zu zwitschern. Das berührte uns tief – unser toter Bruder hatte als Jugendlicher eine Voliere. Mitten im sprachlosen Schmerz wurde uns ein tröstlicher Moment geschickt – von höherer Stelle.

IV.

Zu den Aufgaben von uns Pastoren gehört es, von Gott zu reden. Doch kann man das überhaupt? Mich beschleicht immer wieder Unbehagen und manchmal Ärger, wenn ich Sätze höre wie: „Gott sagt." „Gott will." Woher weiß das der Prediger, die Pastorin? Weil es geschrieben steht? Das reicht mir nicht. In einem Tagebuch von Fridolin Stier, das posthum veröffentlicht wurde, erzählt der katholische Alttestamentler von einer Frau, die einen Pfarrer in einem Gespräch unterbricht: „Immer redet ihr über Gott! Behauptet, er will dies, er verbietet jenes. Doch habt ihr auch Erfahrungen mit Gott?" Das trifft einen Kern unserer kirchlichen Krise. Und vielleicht auch die Scheu oder Verlegenheit von Kollegen, auf eine Kanzel zu treten. Sie sind lieber im diakonischen, seelsorgerlichen oder in anderen übergemeindlichen Bereichen tätig. Aus einem Glaubensdilemma heraus.

Wie öffentlich und zugleich persönlich von Gott sprechen? Es ist nicht leicht, sich an Gottes scheinbarer Abwesenheit abzuarbeiten. Manchmal schweigt man besser. Ich erinnere mich an eine nordeuropäische Konferenz in der Akademie Sankelmark nahe der dänischen Grenze. Da treffen sich jedes Jahr Therapeuten und Theologinnen aus Norddeutschland sowie aus allen sieben skandinavischen und baltischen Ländern. Einmal hieß das Tagungsthema: „The In-Between", auf Deutsch: „Zwischenräume".

Beim Abschluss-Gottesdienst der Tagung passierte es: Mit dem Kollegen Wolfgang hielt ich am Abend des Epiphanias-Festes eine Dialog-Predigt. Zwischen uns stand Dorothea, die uns ins Englische übersetzte. Das schuf einen zusätzlichen Zwischen- und Übersetzungsraum in unserer Zwiesprache. Unser Austausch konzentrierte sich auf die Frage, ob Gott etwas Sphärisches sei – nicht greifbar, aber erlebbar, und zwischen uns „passiere". Während wir sprachen, merkten wir: Die Aufmerksamkeit der Anwesenden wurde abgelenkt, die Blicke gingen an uns vorbei ins Freie. Hinter den großen Glasscheiben der improvisierten Kapelle stand im Dunkel ein Reh und schaute in unsere Versammlung. Staunend hielten auch wir den Atem an. Es wurde ganz still. Ein magischer Moment.

Ich glaube, in solchen Augenblicken fällt Gott in uns ein. Aus dem Staunen kommt uns der Gottesname über die Lippen: Halleluja! O Gott, ist das schön!

V. Für mich gehören Religion und Erotik zusammen. Leider wurde ich nicht so erzogen in den 50er-Jahren. Da war Sinnlichkeit eher etwas Dunkles, Gefährliches, Verbotenes. Oder sie wurde tabuisiert. Beim Einschlafen mussten wir die Hände auf der Bettdecke lassen. Auch die Kirche hatte da ein Problem. Schlimmer noch: Mancherorts wurden und werden Sinnlichkeit und Sexualität noch immer verbannt oder verdammt als nicht verträglich mit dem Glauben. Ich bin überzeugt: Eine solch elementare Lebenskraft zu verdrängen, statt sie achtsam und verantwortungsbewusst zu gestalten, ist der Tod der Theologie und hat auch sonst schlimme Folgen.

Ich bin froh, dass ich schon früh in meinem Theologiestudium auf die Poesie und Theologie Kurt Martis stieß. Einmal notierte der vor 100 Jahren geborene Schweizer Pfarrer in seinem Bändchen *Zärtlichkeit und Schmerz* die Zeilen: „Religion und Erotik: Ein wildes, doch unzertrennliches Paar. Stirbt die Religion, so magert Erotik zum Skelett. Stirbt die Erotik, so verdorrt Religion zur abstrakten Metaphysik oder zur trockenen Ethik."

Vor vielen Jahren fragte ein befreundeter katholischer Therapeut, ob wir gemeinsam eine Erotik-Messe gestalten wollten. Das klang damals witzig und doppeldeutig. Doch ernsthaft: Ich finde es wichtig, die religiöse Dimension des Eros zu entdecken und zu kultivieren. Nicht nur bei einer kirchlichen Trauung. Für mich ist Eros eine Dimension, die unser Leben grundieren kann. Eine vibrierende Nähe, die sich manchmal einfach einstellt.

Als ich mich – das liegt Jahrzehnte zurück – während eines Arbeitsaufenthaltes in New York für ein paar Tage in ein einsames Kloster zurückgezogen hatte, streifte ich stundenlang allein durch die umliegenden Wälder und stieg in einen stillen See. Da spürte ich eine Schwingung und Vibration. Ich wurde erregt. Ich war nicht allein. Ein intensives Gefühl von Geborgenheit, Wärme und Nähe durchflutete mich. Gleiches habe ich vor ein paar Jahren in der Mongolei erlebt, wieder ganz weit draußen. Für mich waren das erotische Gotteserfahrungen – mit dem sicheren Gefühl:

Die Welt ist nicht gottlos, sondern gotthaltig. Halleluja!

VI.

Kürzlich wurde der Psychoanalytiker und Theologe Bernd Deiniger in einem Interview nach seinem Glauben befragt. Der Chefarzt einer psychosomatischen Klinik antwortete: „Mich stimmt der Glaube heiter und gelassen." Heitere Gelassenheit, und ich ergänze: Gelöstheit – das wäre eine schöne Devise fürs Altwerden! Sie wurde mir als Kind nicht in die Seele gemalt. Ich wuchs verklemmt auf, und dieses Eingeklemmtsein hatte etwas mit christlicher Erziehung zu tun.

Dabei ist doch die Urszene des Glaubens ein Ereignis, das herausholt aus Enge und Angst. Das gilt für Juden wie Christen – und wird alljährlich gefeiert. Mit dem Passahfest bzw. mit Ostern. Beide Male geht es um Erlösung! Auszug aus Ägypten, die Fesseln der Sklaverei werden gelöst. Ein Freiheitsimpuls, der noch heute wirkmächtig ist und vor dem die Potentaten auch unserer Zeit sich fürchten. Und: Erlösung aus den Fesseln des Todes – Aufstehen, Auferstehen! Auch dieser Impuls rüttelt an einer fatalistischen Schicksalsergebenheit.

Ich stimme dem Philosophen Peter Sloterdijk zu, der in seinem Buch *Selbstversuch* schreibt: „Mich interessieren Religionen vor allem als Loskettungspraktiken, üblicherweise sprechen Theologie und Dogma hier von Erlösung oder Rettung. Wie kommt der Sklave von der Ruderbank? Das ist die Frage aller Fragen, und die Antwort, die sich im Ben-Hur-Kontext andeutet, lautet: Er kommt frei, weil jemand auftritt, der die Macht hat, die Ketten zu lösen. Theologisch ergibt das: Wer die Ketten löst, ist der Erlöser."

Kürzlich sprach ich mit meiner Schwester über Gotteserfahrungen. Dabei erzählte sie mir von einem für sie besonderen Moment. Sie ging durch eine tiefe Krise und Phasen großer Erschöpfung. Während dieser auch beruflichen Auszeit besuchte sie einen Taizé-Gottesdienst. Da sitzt man, oft stundenlang, auf Meditationskissen oder -hockern. Und singt. Und wird gesungen. Denn Liedpassagen wiederholen sich wie ein Mantra. Und tragen – nehmen einen mit. Da hörte meine Schwester plötzlich eine Stimme ganz nah an ihrem Ohr deutlich sagen: „Du darfst!" Mehr nicht. Verwundert drehte sie sich um. Doch da war niemand. Jedenfalls nicht zu sehen. Dennoch ging die Botschaft ihr mitten in die Seele und ließ sie aufatmen: Das war das lösende, das erlösende Wort für sie. Der Erlöser war im Raum.

15. SICH VOM ACKER MACHEN & LAND GEWINNEN
Meditationen zum Ruhestand

(NDR KULTUR vom 2.-7.10.2017)

I. „Sieh zu, dass du Land gewinnst!" So rief der Bischof einem Pastor aufmunternd zu, den er in den Ruhestand verabschiedete. Inzwischen bin ich selber fast 2 Jahre aus dem Arbeitsleben raus, und die Worte haben einen Nachhall. „Sieh zu, dass du Land gewinnst!" Für mich schwingt in diesem Blasen zum Aufbruch ein aggressives Moment mit: Mach dich vom Acker! Du hast hier nichts mehr verloren! Lass die Jungen ran!

„Jetzt schon?" Verwundert schauten mich viele Gesprächspartner in Hamburg an, wo ich meine letzten 14 Berufsjahre für eine Citykirche verantwortlich war: „Sie hören schon auf? Sie sind doch noch jung!" Ja, das war ich – jedenfalls im Vergleich zu vielen Kaufleuten, Wirtschaftsprüfern und Juristen, die weit über die 70, teilweise über 80 waren und noch täglich ihr Büro aufsuchten. Sie lenkten dort die Geschicke ihrer Unternehmen. Doch ist es nicht sinnvoll, beizeiten loszulassen, Macht abzugeben, die große Bühne zu verlassen? Hat nicht jedes Ding seine Zeit und jedes Vorhaben unter dem Himmel seine Stunde, wie schon der Prediger Salomo wusste?

Kürzlich las ich einen Essay unter der Überschrift: *Hör doch mal auf, Alter!* Darin steht: „Zwar entwickeln nicht alle Silberrücken im Alter die diktatorischen Vorlieben eines Robert Mugabe, der es auch mit frischen 93 schafft, sein Land Simbabwe ... auf den Abgrund zuzutreiben. Aber zum kleinen Despoten und großen Dickkopf ... bringen es auch die störrischen Alten in hiesigen Breiten" (*SZ* vom 22.7.2017). Als Beispiel nennt der Autor den Intendanten Claus Peymann, der auch mit 80 noch nicht abtreten wollte, sondern den „Jugendwahn" geißelte. Offensichtlich fürchten sich viele Menschen davor, an Einfluss und Bedeutung zu verlieren. Mehr noch: Sie sind mit ihrem Beruf verheiratet, und die Arbeit ist ihr Baby, sodass sie mit Ruhestandsbeginn der Schlag trifft – sie sind Witwer und verwaistes Elternteil zugleich.

Ich glaube, es ist gut, sich beizeiten zu lösen – und sich nicht zu fixieren auf die berufliche Position. Allein vermag sie nicht Sinn zu stiften. Der Arzt und Psychoanalytiker Wilhelm Reich sagte: „Das Lebendige beansprucht nicht

Macht, sondern Geltung im menschlichen Leben." Und er deutete einen Weg an, wie sich auch jenseits des Berufslebens neues Land gewinnen lässt: „Das Lebendige ruht auf den drei Pfeilern Liebe, Arbeit und Wissen."

II. „Sieh zu, dass du Land gewinnst!" Ich habe diese Worte zum Ruhestandsbeginn eines Kollegen noch im Ohr. Doch wie geht das? Land gewinnen, wenn man die 65 überschritten hat? Soll man sich Abraham als Beispiel nehmen? Der war 75, als er dem göttlichen Impuls folgte: „Geh aus deinem Vaterland und von deiner Freundschaft und aus deines Vaters Hause in ein Land, das ich dir zeigen werde" (Gen 12,1). Heute ist es einfacher, zu neuen Ufern aufzubrechen. Und so war mein erster Versuch, Land zu gewinnen jenseits des Arbeitslebens, bescheidener. Auch folgte ich keiner göttlichen Stimme, sondern besann mich auf einen Traum. Träume, so las ich mal, könne man nicht fristlos entlassen. Man schulde ihnen sein Leben. Ich packte also das Glück beim Schopf, gesund und der beruflichen Pflichten entbunden zu sein, begann zu planen, und mein Traum wurde größer sowie konkreter.

Ich wollte langsam reisen – ostwärts, in friedlicher Absicht. Ich wusste ja, dass mein Vater als junger Soldat Teil der Wehrmacht war, die Tod und Verderben in den Osten trug und dort auch erleiden musste. Mein Plan: mit der Bahn von Hamburg 11.000 km bis an den Pazifik fahren. In Wladiwostok hatte ich eine Adresse. Am Ende kamen in meinen Rucksack auch Zelt und Schlafsack, denn ich schloss mich in der Mongolei einer Reisegruppe ins Altai-Gebirge an. Später bestieg ich in Shanghai als einziger Passagier ein Frachtschiff über den Pazifik bis an die Westküste der USA. Dort lieh ich mir ein Auto, um – passend zu meinem Alter – die „Route 66" bis nach Chicago zu fahren.

Vielleicht hatte die Richtung meiner dreimonatigen Reise noch ein weiteres Motiv: Die Kirchen, in denen ich über 4 Jahrzehnte predigte, sind alle „geostet". Im Osten geht die Sonne auf. Wenn das Licht im Sonntagmorgen-Gottesdienst in die Kirche fällt, erinnert das an das Licht der Auferstehung. Über meinem Reisetagebuch stand der Slogan und die österliche Verheißung: „Ex oriente lux – Aus dem Osten kommt das Licht." So habe ich die Welt umrundet und spirituell erkundet. Ich saß stundenlang in einem Park mitten in den Hochhausschluchten Shanghais, fasziniert von den fremden und friedvollen Gesichtern. Immer wieder bestätigte sich auf meiner Reise die Erkenntnis des jüdischen Philosophen Levinas: „Einem Menschen begegnen heißt, von einem Geheimnis wach gehalten zu werden."

III. Dieser Satz zum Ruhestand hat sich mir eingeprägt: „Sieh zu, dass du Land gewinnst!" Seit fast 2 Jahren versuche ich nach der Entpflichtung aus dem Pfarramt Land zu gewinnen. Eigentlich bricht man als junger Mensch auf, die Welt zu entdecken und den eigenen Platz darin zu finden. Doch im Alter? Älter wird man vom 1. Lebensjahr an. Doch alt werden ist etwas anderes. Es beginnt spätestens mit dem Ende des Arbeitslebens. Auch wenn man dann noch fit ist und sich, wie mir ein Freund sagte, wieder frei fühlt wie ein Student – aktiv ist und sich ehrenamtlich engagiert. Etwas ist anders. 50 Jahre Berufsleben und Ausbildung liegen hinter einem. Vor mir taucht schon die 70 auf und mit ihr das bekannte Psalmwort: „Unser Leben währt 70 Jahre, und wenn es hoch kommt, werden es 80." So alt wurde meine Mutter. Mein Vater ist 94. Es kann heute sehr hoch kommen.

Angesichts eines unsicheren Zeithorizonts stellt sich umso mehr die Frage, welches Land ich jetzt noch bestellen und gewinnen kann? Ich bin gespannt auf ein besonderes Neuland: Ich bin Großvater geworden. Enkelkinder legen den Schalter von Schlussmachen auf Anfang um. Das Leben geht weiter, auch ohne mich. Doch zunächst darf ich Anteil nehmen, darf Elementares und auf den 1. Blick Zweckfreies tun: lachen, weinen, singen, spielen, toben, erzählen, dabei die Zeit vergessen, träumen. Freunde von mir begleiten fremde Kinder oder Flüchtlinge – und werden dabei richtig lebendig.

Der Holocaustforscher Saul Friedländer erzählt, dass er jahrzehntelang keine Gefühle zulassen konnte, sich eingepanzert hatte, bis er seinen Enkel spürte. Da taute sein Herz auf, und er sei dem Leben wieder nahegekommen. Darin sehe ich eine Chance des Alters: im Versuch, weicher zu werden, gelassener, humorvoller, heiterer. Ich muss mich nicht mehr beweisen. Doch ich kann anderen Gutes erweisen. Und nebenbei üben. Das muss man im Leben zweimal lernen, Enkel und Großeltern haben es gemeinsam: gehen lernen, was nicht leicht ist. Man verliert die Balance, fällt, hilft sich gegenseitig auf. Kinder bereiten sich vor, ins Leben zu gehen, wir Alten, uns davon zu verabschieden. Aufrechter Gang hat viele Facetten.

IV. Frisch und forsch klang der Bischof nach der Entpflichtung des Pastors: „Sieh zu, dass du Land gewinnst!" Der musste die Kirchenschlüssel abgeben, aus dem Pfarrhaus ziehen und sehen, wo er bleibt mit sich. Es ist richtig, dem Nachfolger Platz zu machen – und sich selbst vom Acker. Doch Scheiden tut weh. Darum ist es gut, sich früh damit zu befassen.

Wer bin ich ohne Arbeit? Ich habe ein paar Jahre vor meinem Ruhestandsbeginn einen Test gemacht. Was würde mit mir passieren, wenn 3 Monate keiner etwas von mir will, ich 4 Wochen dieser Zeit sogar komplett offline wäre auf einem alten Pilgerweg in Norwegen? Es waren genügsame, aber auch vergnügsame Wochen – allein in der Wildnis mit Rucksack, Zelt und Wanderstock. Mich nur auf das Gehen, den nächsten Schritt auf schmalem Pfad zu konzentrieren, die Natur, die 4 Elemente Erde, Wasser, Luft und Feuer zu spüren; sei es die sparsame Sonne, die mir mitunter lachte, oder die Flamme unterm Kocher: All das erschuf eine eigene Welt in mir und für mich. Ich wurde neu aufmerksam für das elementare Leben und Überleben. Es bedeutete, das Wollen abzuschalten und sich dem Lauf der Dinge zu überlassen. „Lass dir an meiner Gnade genügen" – dies Wort, das Paulus für sich hörte, galt auch mir. Ich übte da draußen das „Genügen".

Etwas aus dieser Pilgererfahrung habe ich mit in den Ruhestand genommen: Ich muss mich nicht mehr beweisen und meine Existenz durch Arbeit rechtfertigen. In meiner Wohnung hängt ein Gedicht von Bertolt Brecht. Es beschreibt ein Land, das man auch im Alter noch gewinnen kann. Brecht schrieb die Zeilen 2 Jahre vor seinem frühen Tod mit 56. Es heißt *Vergnügungen* und beginnt so: „Der erste Blick aus dem Fenster am Morgen. Das wiedergefundene alte Buch. Begeisterte Gesichter. Schnee, der Wechsel der Jahreszeiten. Die Zeitung. Der Hund. Die Dialektik. Duschen, Schwimmen. Alte Musik. Bequeme Schuhe ..." Für mich gehört zu solchen Vergnügungen, zu solchem Genügen noch eines hinzu: Gottergebenheit.

V. „Sieh zu, dass du Land gewinnst!" Wer diesen Satz als alter Mensch hört, zuckt vielleicht zusammen. Entlassen, womöglich vertrieben aus dem aktiven Berufsleben, ist es ja nicht leicht, einen neuen Ort für sich zu finden. Und doch ist es unausweichlich, nach vorne zu gehen, ins Unbekannte, Unsagbare, Utopische. Eine Utopie ist wörtlich ein Nicht-Ort. Doch wer eine Utopie entwirft, imaginiert und erhofft sich etwas, was noch nicht vor Augen ist, sich bestenfalls als Fragment abzeichnet.

Ernst Bloch, der große Philosoph der Hoffnung, spricht vom „Traum nach vorwärts". Bloch mutmaßt, dass wir als Menschen noch einen Schritt vor uns haben, vom Da-sein ins Das-Sein. Der Kern unserer irdischen Existenz sei „exterritorial". Mithin erwartet uns jenseits unseres Todes eine Terra incognita, ein unbekanntes Land.

Kann man sich auf dieses Land vorbereiten, es gar gewinnen? Die Poesie und die Musik versuchen es seit Menschengedenken. Als suchender, als glaubender Mensch tastet man sich mit jedem Gebet, mit manchem Gesang vor. Mitunter spürt man eine Resonanz, eine Schwingung, die einen tröstet und mitnimmt. So kann ich mich einschwingen in das Bibelwort: „Der Herr ist mein Teil, spricht meine Seele." (Klagelieder 3,24)

Dass wir demnach „Shareholder" sind, also Anteil haben an Gott, ist für mich ein faszinierender, Atem raubender Gedanke. Lässt sich dieser Anteil an Gott – gleichsam der religiöse „Shareholder Value" – im Alter stabilisieren und vergrößern? Der barocke Gesangbuchdichter Paul Gerhardt ist da zuversichtlich in seinem Lied *Geh aus mein Herz und suche Freud:*

> „Mach in mir deinem Geiste Raum,
> dass ich dir werd ein guter Baum,
> und lass mich Wurzel treiben.
>
> Verleihe, dass zu deinem Ruhm
> ich deines Gartens schöne Blum
> und Pflanze möge bleiben.
>
> Erwähle mich zum Paradeis,
> und lass mich bis zur letzten Reis
> an Leib und Seele grünen."

Auch heute gibt es solches Gottvertrauen. Mich hat berührt, wie sich der 82jährige Leonard Cohen kurz vor seinem Tod musikalisch verabschiedete. Im ersten Song seines letzten Albums sagt er, dass es einen Liebhaber in der Geschichte gebe. Und er ruft sich zu ihm mit den hebräischen Worten: „Hineni, hineni, I'm ready, my Lord – Hier bin ich, Gott, ich bin bereit."

NACHKLANG: WAS BLEIBT?

Sisyphos lässt grüßen

(Leicht variierter Nachdruck des letzten Abschnitts aus meinem Buch
„Wie ein rollender Stein", Lutherische Verlagsgesellschaft 2015)

Sisyphos, das ist der, den man dazu verurteilt hat, einen Felsblock den Berg hinauf zu wälzen. Aber immer, wenn er ihn fast oben hat, überwältigt ihn der schwere Stein, entgleitet ihm und rollt an den Fuß des Berges zurück. Und Sisyphos muss von Neuem beginnen.

Albert Camus, der französische Philosoph (1913-1960), beschäftigte sich als 23jähriger, in der Mitte seines kurzen Lebens, mit diesem griechischen Mythos. Er fragte, „ob das Leben die Mühe, gelebt zu werden, lohne oder nicht". Wohin wir auch schauen, sagt Camus, Sinn von Welt und Leben sei nirgends zu entdecken. Alles erweise sich irgendwie als absurd.

Mitten im Alltag kann es einen anspringen, dass die üblichen Beschäftigungen sich plötzlich als leer und bedeutungslos erweisen. Oder man empfindet das Leben als absolut absurd, weil ein Projekt scheitert, eine Beziehung zerbricht, ein Schicksalsschlag einen aus der Bahn wirft. Oder, so möchte man angesichts des tragischen Todes von Camus ergänzen, wenn jemand unverschuldet bei einem Verkehrsunfall ums Leben kommt: 23 Jahre nach seiner Beschäftigung mit Sisyphos steigt Camus nicht in den Zug nach Paris, das Ticket war schon gelöst, sondern als Beifahrer ins neue Auto eines Freundes.

Das nüchterne und stoische Resümee des 23jährigen lautet: „Die Absurdität des Lebens verlangt nicht, dass man mittels der Hoffnung oder durch den Selbstmord entflieht; es kommt darauf an, in ihr auszuharren." Im letzten Abschnitt seines Versuchs über das Absurde wendet er sich der griechischen Figur zu und formuliert überraschenderweise den paradox anmutenden Satz: „Wir müssen uns Sisyphos als einen glücklichen Menschen vorstellen."

Sisyphos scheint für Camus ein trotziger und unverdrossener Mensch zu sein. Er gibt nicht auf. Er gibt sich nicht auf. Er sieht sich nicht als Opfer. Er nimmt sein Schicksal an. Er packt zu – mit vollem Einsatz seiner Kräfte. Und wenn ihm der Stein entgleitet, lässt er los, lässt sich gehen, folgt der Bewegung, geht – womöglich heiter und leichtfüßig – wieder nach unten ins Tal. Und beginnt noch einmal. Ein nicht endendes Spiel von Anspannung und Entspannung, von Belastung und Entlastung. Von Kampf und Kontemplation. Von Widerstand und Ergebung. Von Fäuste ballen und Halleluja singen.

Ist das Glück? Man denke an Kohelet, den Prediger Salomo, den nüchternen Agnostiker und Autor der hebräischen Bibel. Dessen Resümee heißt wiederholt: „Es ist alles eitel und Haschen nach Wind." Im 3. Kapitel steht: „Ein jegliches Ding hat seine Zeit, und alles Vorhaben unter dem Himmel hat seine Stunde: Geboren werden hat seine Zeit, sterben hat seine Zeit; pflanzen hat seine Zeit, ausreißen, was gepflanzt ist, hat seine Zeit … Steine wegwerfen hat seine Zeit, Steine sammeln hat seine Zeit … Man mühe sich ab, wie man will, so hat man keinen Gewinn davon. Ich sah die Arbeit, die Gott den Menschen gegeben hat, dass sie sich damit plagen. Er hat alles schön gemacht zu seiner Zeit, auch hat er die Ewigkeit in ihr Herz gelegt, nur dass der Mensch nicht ergründen kann das Werk, das Gott tut, weder Anfang noch Ende." – Liegt darin Glück? Passiert im unendlichen Wechselspiel von Anstrengung und Vergeblichkeit etwas Neues?

Mir scheint, Albert Camus hat in seiner kurzen zweiten Lebenshälfte dem Berg der Verzweiflung einen Stein der Hoffnung abgerungen. Am 4. Januar 1960 fand man neben den Trümmern des auf schmieriger Landstraße an einem Baum zerschellten Sportwagens Camus' Aktentasche mit einem handschriftlichen Manuskript. Es war nur schwer zu entziffern. Erst Jahrzehnte später, 1994, wurde es als letztes Werk des 46jährigen publiziert unter dem Titel *Der erste Mensch*. Noch einmal überrascht uns Camus. In den letzten Zeilen dieser autobiografischen Skizzen lese ich am Schluss eines endlos langen Satzes: „Er spürte heute, wie das Leben, die Jugend, die Menschen ihm entglitten, und nur der blinden Hoffnung hingegeben, jene auch in härtesten Situationen gleich starke dunkle Kraft, die ihn so viele Jahre über die Tage getragen, uneingeschränkt gestärkt hatte, möge ihm mit der gleichen rastlosen Großzügigkeit, mit der sie ihm Gründe zu leben gegeben hatte, Gründe dafür liefern, alt zu werden und ohne Aufbegehren zu sterben."

Wieder und wieder habe ich diese Worte meditiert, möchte einstimmen und zustimmen: mich der Hoffnung hingeben, dass es diese starke dunkle Kraft gibt. Deren Großzügigkeit weder ruht noch rastet. Die trägt über Tage und Jahre. Und die stärkt, uneingeschränkt. Ist das nicht Glück?

INHALT